August Kluckhohn

Beiträge zur Geschichte des Schulwesens in Bayern

Vom 16. bis zum 18. Jahrhundert

August Kluckhohn

Beiträge zur Geschichte des Schulwesens in Bayern
Vom 16. bis zum 18. Jahrhundert

ISBN/EAN: 9783743670334

Hergestellt in Europa, USA, Kanada, Australien, Japan

Cover: Foto ©Paul-Georg Meister /pixelio.de

Weitere Bücher finden Sie auf **www.hansebooks.com**

Beiträge

zur

Geschichte des Schulwesens in Bayern

vom 16. bis zum 18. Jahrhundert.

Von

August Kluckhohn.

Aus den Abhandlungen der k. bayer. Akademie der W. III. Cl. XII. Bd. III. Abth.

München 1875.
Verlag der k. Akademie,
in Commission bei G. Franz.
Akademische Buchdruckerei von F. Straub.

Beiträge
zur
Geschichte des Schulwesens in Bayern
vom 16. bis zum 18. Jahrhundert.

Von
August Kluckhohn.

I. Zur Geschichte des niederen Schulwesens im 16. und 17. Jahrhundert.

a. Die lateinischen Schulen, insbesondere die Schulordnung der Stadt Wasserburg vom Jahre 1562.

Wie in andern deutschen Ländern entstanden auch in Bayern in der 2. Hälfte des Mittelalters neben den Stifts- und Klosterschulen städtische Schulanstalten, theils im Anschluss an die Pfarreien und von einem durch den Pfarrer bestellten Lehrer besorgt, theils unabhängig von der Kirche und lediglich der Aufsicht des Magistrats, der den Lehrer bestellt und besoldet, unterworfen. In den städtischen Pfarrschulen hat man die Anfänge des deutschen Volksschulwesens, in den unter den Auspizien des Magistrats entstandenen Lehranstalten lateinische Schulen und damit Vorläufer der späteren Gymnasien gesehen.[1]) Es scheint jedoch häufig die deutsche Elementarschule, in welcher Lesen, Schreiben und allenfalls auch Rechnen gelehrt wurde, mit der untern Stufe der lateinischen

---

1) C. Prantl in der verdienstvollen Abhandlung „zur Geschichte der Volksbildung und des Unterrichts in Bayern" in der Bavaria I, S. 520.

Schule zusammen gefallen zu sein,[1]) und auch bei Pfarreien finden wir lateinische Schulmeister, die das Recht hatten, zugleich die deutsche Sprache zu lehren.[2]) Ferner liegt auf der Hand, dass es verschiedene Grade der Abhängigkeit der Schulen von den Pfarreien wie von dem Magistrate geben konnte.[3]) Vor allem aber ist zu bemerken, dass bei dem Beginn der neuern Zeit lateinische Schulen sich nicht allein in den Städten, sondern auch in Märkten fanden, wie auch deutsche Schulen damals an Orten bestanden, wo wir solche hundert Jahre später vergebens suchen, ein Umstand, der in Verbindung mit andern Erscheinungen die Behauptung rechtgefertigt, dass die Bildung des Volks, so weit sie in der Kenntniss des Lesens und Schreibens bestand, und die Empfänglichkeit desselben für geistige Interessen vor dem Beginn der klerikalen Reaction in Bayern grösser gewesen sind, als in späterer Zeit.[4])

Für die grosse Verbreitung der lateinischen Lehranstalten sprechen ausser den uns überlieferten Namen hervorragender Lehrer, welche den verschiedensten Orten angehören,[5]) die älteren uns erhaltenen Schulordnungen nebst den auf das Schulwesen bezüglichen Theilen der allgemeinen Landesordnungen jener Zeit.

Die Ordnung der Schulverhältnisse in Bayern durch die Fürsorge der Regierung beginnt um die Mitte des 16. Jahrhunderts. Aehnlich

---

1) Vergl. die Schulordnung von 1548 in M. von Freyberg, pragmatische Geschichte der bayerischen Gesetzgebung und Verwaltung Bd. III S. 286.
2) Freyberg a. a. O. 277.
3) Es gab auch städtische Schulen, die der Geistlichkeit und dem Rathe zugleich untergeben waren. Kriegk, deutsches Bürgerthum im Mittelalter. Neue Folge. S. 68.
4) Es gehört zu den Verdiensten der erwähnten Abhandlung von Kriegk, die überraschend weite Verbreitung der Volksbildung im deutschen Bürgerstande des spätern Mittelalters nachgewiesen zu haben. Für Bayern könnten wir sogar vor andern deutschen Ländern insofern einen Vorrang in Anspruch nehmen, als sich neben den zahlreich verbreiteten lateinischen Schulen auch schon deutsche Dorfschulen zu einer Zeit hier fanden, wo sie anderswo in Deutschland noch nicht bemerkt wurden. So kennt Kriegk Dorfschulen auch im 16. Jahrhundert noch nicht. In Bayern aber suchte die Regierung dieselben 1576 schon abzuschaffen und setzte 1616 trotz der warmen Fürsprache der Landschaftsverordneten fest, dass nur in grossen, von Städten und Märkten weit entlegenen Dörfern deutsche Schulen unterhalten werden sollten. Freyberg a. a O. 295. Vergl. meine Abhandlung „die Jesuiten in Bayern mit besonderer Rücksicht auf ihre Lehrthätigkeit" in v. Sybel's histor. Zeitschrift Bd. XXXI, 406. Näheres unten.
5) Prantl, Bavaria I, 533 und 535.

wie in den protestantischen Ländern durch das religiöse Interesse die Volksschule in's Leben gerufen wurde, lenkte hier das Verlangen, den Abfall von der alten Kirche zu verhüten, den katholischen Glauben zu befestigen und den Sittenzustand zu verbessern, die Aufmerksamkeit der Regierung dem vielfach als verkommen bezeichneten Unterrichtswesen zu. Eine im Jahre 1548 von Wilhelm IV. berufene Religions- und Studiencommission entwarf die älteste uns erhaltene Schulordnung.[1]

Die Hauptaufgabe der Schulen ist darnach die Unterweisung in der christkatholischen Religion, worüber die Pfarrer zu wachen haben. Ferner sind die Schüler zu einem frommen und sittlichen Betragen anzuhalten. In den Trivialschulen lernen die Kinder ausserdem lesen und schreiben. Wer sich ganz der Wissenschaft widmen will, geht in die höhern Klassen der Stadtschule über, wo Grammatik und Syntax der lateinischen und griechischen Sprache gelehrt und auch lateinische und griechische Autoren erklärt werden, jedoch mit Auswahl, damit „die heidnischen Schwätzer und Fabelhansen, die da mit heydnischer Phantasey, Götzendienst und Puehlwerk zu tuen haben," nicht die jungen Gemüther von Gott abwenden und mit Dingen bekannt machen, die dem zarten Alter verborgen sein sollen.

Diese Anordnungen scheinen jedoch von geringer Wirkung auf das praktische Leben gewesen zu sein. Wenigstens hat sich daran nicht ein allgemeiner Aufschwung des bayerischen Schulwesens geknüpft. Wir sehen diess u. a. aus dem 10. Artikel der Landesordnung von 1553, der von der Wiederherstellung der Schulen in den Märkten und Städten handelt.[2] Zur Aufrichtung und Erhaltung einer ehrbaren, beständigen und guten Polizei wird hier als das vornehmste Mittel die Erziehung der Jugend zu der Ehre und Furcht Gottes, zur Tugend und zu nützlichen, ehrlichen Künsten hingestellt. Hiezu sollen die lateinischen Schulen der erste Anfang sein; aber diese haben in Städten und Märkten gar abgenommen. Daher soll jede Obrigkeit fleissig darauf bedacht sein, dass in Städten und Märkten und wo sonst von Alters her Schulen gewesen, ehrbare, gelehrte und fleissige Schulmeister bestellt werden,

---

1) Freyberg III, 265. Prantl, Bavaria I, 591.
2) Freyberg III, 265.

welche die Kinder in guter Zucht zu halten wissen. Für die Besoldung dieser Lehrer soll in Ermanglung eines Gemeindefonds durch vacirende Pfründen und Beiträge aus dem Bruderschaftsvermögen und den Zechschreinen gesorgt werden.

Beiläufig mag darauf aufmerksam gemacht werden, dass die Landesordnung, welche aus den Berathungen der Landschaftsverordneten mit der Regierung hervorging, nicht den confessionellen Standpunkt betont, wie es die von der Religionscommission entworfene Schulordnung thut. Ebenso beachtenswerth dürfte sein, dass die Landesordnung neue lateinische Schulen auch in den Märkten errichtet wissen will, während die Schulordnung nur auf die Glaubensintegrität der bestehenden Lehr-Anstalten dringt. Schärfer noch erscheint 50 Jahre später der Gegensatz zwischen der Auffassung der Landschaft und dem Standpunkte der Regierung bezüglich der deutschen Schulen, worauf wir zurückkommen werden.

Ob die in der Landesordnung von 1553 getroffene Fürsorge für die Wiederherstellung verfallener lateinischer Schulen die beabsichtigte Wirkung geübt hat, können wir nicht sagen. Wohl aber darf behauptet werden, dass wenigstens in einzelnen Städten jene Anstalten nach der Mitte des Jahrhunderts sich in einem hoffnungsreichen Zustande befanden, so dass diejenigen irren, welche den Jesuiten das Verdienst beilegen, dass sie zuerst in Bayern Lehranstalten geschaffen, welche den Namen von Gymnasien beanspruchen konnten.

Zur Widerlegung der von der Gesellschaft Jesu und ihren Anhängern geflissentlich verbreiteten Ansicht über den verkommenen Zustand des gelehrten Schulwesens in Bayern vor der Eröffnung der Lehrthätigkeit des Ordens hat schon Westenrieder im J. 1794 im 5. Bande seiner Beiträge zur vaterländischen Geschichte S. 214—227 die Ordnung der Münchener „Poetenschule", die Gabriel Castner 1560 wahrscheinlich einer Magistratsdeputation vorlegte, nebst einer deutschen Uebersetzung des lateinischen Textes veröffentlicht.[1]) Der wackere Geschichtschreiber Bayerns rühmt an dem Schulplane Castners, dass er nicht nur in einer

---

1) Wieder abgedruckt bei Freyberg a. a. O. und Hutter, die Gründung des Gymnasiums zu München S. 25.

„reinen einfachen Sprache" abgefasst sei, „sondern auch ganz nach den veredelten Begriffen der damaligen Gelehrten, welche bei dem Unterricht auf wirklich brauchbare Sachen und auf die Hülfsmittel, welche zu denselben den Weg öffnen, sahen." Westenrieder verhehlt auch trotz der Zurückhaltung, zu welcher die Umstände in der Zeit des neu aufwuchernden Obscurantismus ihn nöthigten, nicht, wie sehr er den Schulen nach Castner'schem Muster den Vorzug vor den Jesuitenanstalten, die jene alsbald verdrängten, zugesteht; ja er behauptet, dass selbst die Gymnasien zu seiner Zeit, wo dieselben freilich nach einer viel versprechenden Reformperiode den Klostergeistlichen überliefert worden waren, „noch ganz und gar nicht wieder jenen Zustand der Vortrefflichkeit, in welcher sie sich zur Zeit unsers Castners befanden, erreicht haben."

Aber vielleicht möchte man glauben, dass das, was München dem eben so einsichtsvollen als gelehrten und für den Lehrberuf begeisterten Castner verdankte, andere bayerischen Städte um so mehr entbehrten, als das Bedürfniss gelehrter Bildung, das in der Hauptstadt des Landes sich naturgemäss am lebhaftesten fühlbar machte, anderer Orten sich wenig oder gar nicht regte. Zwar ist u. a. von Freising bekannt, dass auch dort um dieselbe Zeit unter Männern wie Ammersee und Haberstock eine gelehrte Schule blühte, und auch von mehreren Klöstern weiss man, dass sie in jenen Tagen hervorragende Lehrer selbst im Griechischen aufzuweisen hatten. Näheres jedoch wissen wir über die damaligen Lehranstalten zumal in den mittlern und kleinern Städten des Landes nicht.

Daher wird es von Interesse und historischem Werthe sein, die lateinische Schulordnung einer kleinen bayerischen Landstadt, wie Wasserburg am Inn, kennen zu lernen. Sie wurde im J. 1562 von dem Doctor der Arznei und Stadtphysikus Leonhard Alber im Namen des städtischen Rathes abgefasst und, wie kaum zu bezweifeln, auch eingeführt.

Was bei der Lectüre dieser Schulordnung sogleich angenehm berührt, das ist der verständige, humane, für die intellectuelle wie sittliche Bildung der Jugend warm empfindende Sinn des Autors. Man erkennt in ihm einen Mann, welcher aus der Schule des ächten Humanismus hervorgegangen und frei von kirchlicher Befangenheit, die religiöse Erziehung weder durch das Studium des heidnischen Alterthums

noch durch den Gebrauch protestantischer Lehrbücher gefährdet glaubte.
Allerdings betrachtet er gleich andern Humanisten als das Hauptziel
des Unterrichts die Fähigkeit, sich im Lateinischen elegant auszudrücken,
aber mit der Sprache der Römer sollen die Schüler sich auch den Inhalt
klassischer Schriftsteller, ihrer Fassungsgabe entsprechend, zu eigen
machen. Schon die kleinen Knaben sollen kurze lateinische Sprüche
sich einprägen, und was der Lehrer beim Lesen an schönen Sentenzen
vorbringt, haben die Schüler mit Fleiss zu notiren. Und wie trefflich
sind nicht u. a. die Worte, womit der Verfasser der Unterweisung in
den freien Künsten die Aufgabe stellt, die Fünkchen der Gottesfurcht
und der Tugend, womit der Allmächtige trotz des Sündenfalls die Menschen
begabt hat, zu wecken und zu mehren. Wo die Jugend nicht von frühauf
an Zucht und Ehrbarkeit gewöhnt, in guten Sitten, allen ehrlichen und
freien Künsten erzogen wird, da bleiben die Gemüther „grob, rauh und
wild, wie ein ungebauter Acker, der nichts als Diestel und Dornen trägt"
Da ist allerlei Lastern Thür und Thor geöffnet, und wenn die Vernach-
lässigten zu Jahren und Verstand kommen, beklagen sie die verlorne
Jugend. „Man wird auch weder in der Kirche, in bürgerlichen Aemtern
und Verwaltungen, noch in eigenen Handlungen und Geschäften geschickte,
gelehrte und taugliche Leute haben, die ihrem Amt vorstehen und auswarten können, man gewöhne und erziehe sie denn zu solchem allen."

Der Verfasser ist also weit entfernt, die lateinische Schule, wie es
häufig und von gewissen Seiten regelmässig geschah, nur als eine Vorbereitung für den Dienst der Kirche zu betrachten. Wie sie eine städtische, bürgerliche Anstalt ist, errichtet vom Magistrat und überwacht
von den durch ihn ernannten Visitatoren, so ist es auch ihre Bestimmung, die Jugend tüchtig zu machen zu allen Diensten des bürgerlichen
Lebens. Allerdings haben, wie man weiterhin sieht, die dazu tauglichen
Knaben auch im Chor zu singen und sollen hierfür nebenbei heran-
gebildet werden, aber im übrigen tritt die kirchliche Seite der Schule
nicht mehr hervor als billig ist; die Erziehung ist eine religiöse, keine
mönchische. Auf die kirchlichen Uebungen wird ein bescheidenes Mass
von Zeit verwendet. Ist der tägliche Gottesdienst zu Ende, so möge
man, wenn es die Umstände erfordern, den Gesang einüben. Wenn man
aber nicht Noth halber „übersingen muss, wäre es viel besser und der

Jugend nützlicher, dass dieselbe Zeit, bis auf die gebührende Stunde, darinnen man's beim lässt gehen, mit Repetiren, Decliniren oder dergleichen Uebungen würde zugebracht."

Und in der Religionsstunde, welche am Samstag der Vesper vorangeht, soll man nicht bloss einen Catechismus oder die fürnehmsten Artikel unsers christlichen Glaubens kurz und einfältiglich erklären, sondern man möge auch, wo die Zeit es zulässt, „das schöne Büchlein des Erasmus de civilitate morum, d. i. von guten Sitten und ehrlicher Zucht der Jugend" lesen.

Was die Unterrichtsgegenstände und die Classeneintheilung betrifft, so kann in diesen Beziehungen die Wasserburger Schule sich der Münchener nicht an die Seite stellen. Das Griechische, dessen Anfänge Castner wenigstens in der obern Klasse lehrt, fällt hier ganz weg, und statt 4 Klassen — selbst eine 5. ist zu München in Aussicht genommen — haben wir deren nur drei.

Während Castner seine Schüler nicht allein dahin zu bringen verspricht, dass sie Latein rein, elegant und fertig reden und schreiben und die Geschichtschreiber erklären können, sondern sie auch Verse machen lehren will, wird als Endzweck unserer Schule „das zierliche Lateinreden" allein hingestellt. Auch die Zahl der Schriftsteller, die tractirt werden sollen, ist geringer. Doch ist in dieser Beziehung zu bemerken, dass die Schulordnung die nähere Bestimmung dessen, was gelesen werden soll, der Aufsichtsbehörde und den Lehrern vorbehält, nur Aesop's Fabeln, Cato's Disticha, Cicero's Episteln und Terenz[1]) werden aufgeführt, Cäsar, Salust, Plautus, Virgil, Horaz, die Castner lesen lassen will, nicht genannt.

Wir sind weit entfernt, die angedeutete Beschränkung tadeln zu wollen. Sie war durch die Verhältnisse geboten, und der Verfasser der Schulordnung bewährte auch darin seine Einsicht, dass er nicht mehr angestrebt wissen wollte, als mit den gegebenen Lehrkräften und in der verfügbaren Unterrichtszeit erreicht werden konnte.

---

1) Letzterer, „weil Keiner ist, der zu dem täglichen Lateinreden zierlicher und tauglicher ist." Die herzogliche Schulordnung von 1569 verbannt denselben Terenz aus den Schulen.

Castner dagegen war, wie er schon nach einem Jahre erkennen musste, nicht im Stande, die Aufgabe, welche es sich gestellt, durchzuführen; er verlangte nach einem zweiten Hülfslehrer, um sich selbst nicht in kurzer Zeit ganz aufreiben zu müssen.

In Wasserburg aber haben wir nur einen Lehrer, der ganz der Schule gehört. Der zweite, welcher den Dienst des Cantors besorgt, hat einen Theil seiner Zeit der Kirche zu widmen. Um so wichtiger ist die Person des eigentlichen Schulmeisters. Sollte er seine schwierige Aufgabe einigermassen lösen, so musste er Eifer und pädagogisches Talent mit einer umfassenden humanistischen Bildung verbinden. Wo aber fanden sich solche Männer? Sie waren um so schwieriger zu bekommen, als die Regierung in dem Zeitalter der katholischen Reaction ängstlich bemüht war, nicht allein Ausländer von den Schulen fern zu halten, sondern auch diejenigen Inländer, welche auf einer nicht streng katholischen Hochschule ihre Bildung gewonnen hatten oder aus irgend einer andern Ursache in den Verdacht gekommen waren, dass sie sich ketzerische Ansichten angeeignet haben möchten.

Schon die Schulordnung von 1569, die ihren jesuitischen Ursprung deutlich verräth, verbietet strengstens, Jemand als Lehrer aufzunehmen, der nicht durchaus altgläubig und katholisch, dem Gebrauch des heiligen Sakraments in beiden Gestalten oder andern neu entstandenen Meinungen ergeben sei. Alle folgenden Schulordnungen sammt den auf das Unterrichtswesen bezüglichen Massregeln der weltlichen und geistlichen Behörden haben dasselbe Ziel unverrückt im Auge.

Auch bezüglich der Lehrgegenstände und der für den Schulunterricht statthaften Bücher, die lateinische und griechische Grammatik miteingeschlossen, erlangt jesuitische Engherzigkeit massgebenden Einfluss. Es war unmöglich, dass eine Schule, wie man sie in Wasserburg einzurichten unternahm, lange Bestand hatte. Sie war schon mit der Schulordnung von 1569 unverträglich und ist wahrscheinlich auch bald auf die Stufe jener gemeinen lateinischen Schulen herabgesunken, die in zahlreichen Städten und Märkten Bayerns ein kümmerliches Dasein fristeten. Sie hatten keine andere Aufgabe als die Anfangsgründe des Lateinischen zu lehren, „bis die Knaben zu mehreren Künsten" d. h. doch wohl für den Besuch einer höhern Schule, eines jesuitischen Gymnasiums oder einer gelehrten Klosterschule, geschickt wären. „Das verstehe ich," sagt ein herzoglicher Rath in seinem Gutachten über die von den lateinischen Schulen handelnden Artikel der Landesordnung von 1616, „von den levioribus scientiis bis auf den syntaxin inclusive, dann mehrere und weitere hat man vor den Jahren in den Scholis trivialibus nicht dodirt, und halte dafür, dass noch von einem lateinischen Schulmeister nicht mehr zu erfordern sei, wie wohl in vielen Städten Magistri dazu genommen werden. Es kann aber auch einer, der nicht Magister ist, die Grammaticalia und den Syntaxin cum fructu wohl lesen, und sind dergleichen Leute eher und leichter zu bekommen und zu bestellen[1])."

Noch weniger konnten die sogenannten „Poetenschulen" oder „grossen Poetereien" in den grösseren Städten die Concurrenz der von oben begünstigten und durch reichere Ausstattung und Unentgeltlichkeit des Unterrichts anlockenden Jesuitengymnasien bestehen.[2]) Sie scheinen, auch

---

[1] Freyberg a. a. o. 295 Anmerk.
[2] Gern hätte schon Albrecht V. im J. 1557, als er im Hinblick auf die Erfolge, welche die Gesellschaft Jesu mit der Schola puerorum in Ingolstadt erzielt haben sollte, die Gründung von Jesuitenschulen in München, Landshut und Straubing zuerst betrieb, mit dem „Poetenmeister", den der Münchener Rath „in Sonderheit bestellt und unterhält", auch die lateinischen Pfarrschulen verdrängt. „In quibus quidem scholis, heisst es von den Schulen der beiden Münchener Pfarreien in einer nach Rom bestimmten Instruction, quibus earundem ecclesiarum rectores praesunt, pueri literarum fundamenta recte discere nequeunt, quoniam dicti rectores, qui eos instituunt, quotidianis divinis officiis in ecclesiis huius modi praesertim matutino tempore, quando puerorum ingenia maxime exprogri deberent, deconstandis ita occupantur et detenentur, quod pueros negligi oporteat ac pleraque etiam praeclarissima ingenia ita pereant, quo fit, quod omnes ditiores suos liberos ad alias scholas extra ducatum Bavariae hercesibus infectas mittent, ubi cum educantur, imbuti haeresi vineno domum redeunt, aliosque secum inficiunt. Praeterea dictarum ecclesiarum rectores, qui dictos pueros instituunt, non semper sunt nec inveniri possunt vere catholici, non heresi quam sepius in pectore fovent dissimulatores, ac que ad sacram religionem pertinent fideliter docentes. Plerique etiam propria sectantes commoda et ut pecuniam cito accumulent plures acceptant pueros instituendos quam quibus erudiendis sufficiunt. Lucri etiam cupiditate qua simulant et dissimulant pro parentum in fide non recte sentientium voluntate liberos sibi commissos instruunt. Ipsi vero tandem sic ditati ad universitates heresi infectas redeunt ac incepta studia prosequuntur ut optatos gradus contingant, quos alioquin ob egestatem adipisci non poterant. — In einer über dieselbe Angelegenheit an den Cardinalbischof Otto von Augsburg gerichteten Denkschrift spricht sich der Herzog über die Schulhalter in ähnlicher Weise aus und schliesst dabei den vom Magistrat bestellten „Poeten" ausdrücklich ein. Er beklagt den häufigen Wechsel in den Personen, „deren ein jeder seine eigenen Opiniones

von den kirchlichen Obern mit dem Banne belegt,[1] schon vor Ausgang des 16. Jahrhunderts zu Grunde gegangen zu sein.[2]) Die Landesordnung von 1616 gedenkt ihrer gar nicht mehr. Der herzogliche Rath, welcher die letztere begutachtete, scheint das bedauert zu haben; er möchte eine die Poetenschule betreffende Erklärung in den Artikel von den lateinischen Schulen aufgenommen wissen. „So viel aber, sagt er, die Poetenschulen anbelangt, die vormals in den Hauptstädten, da nicht Gymnasien sein — also neben diesen waren sie schon längst verschwunden — (bestanden, so wäre räthlich), sie nicht allein zu erhalten, sondern (dass auch der Lehrer) in allen humanioribus studiis wohl gelehrt und erfahren sein soll, und möcht sich auf einen Graduirten oder Magistrum ob testimonium publicum ratione adepti grudus dieafalls etwas mehrers zu verlassen sein."

Lateinische Schulordnung zu Wasserburg im Jar 1562 von Leonhard Alber der Arzney Doctor daselbst.[3])

In einem jetwedern wolgeordneten gmainen Wesen wollen (nach Meinung der Hochverstendigen) drei Ding fürnemlich von nöten sein: das ers ist, das man hab frume gelerte und gotsfürchtige Prediger oder Seelsorger, die uns, was wir von Gott und unserm heiligen christlichen Glauben haben sollen, klar, lauter und treulich leren und unterweisen; denn in diesem allein steet unser Seel Seligkeit.

Das ander ist, das man auch hat hochweise und verstendige Männer, Liebhaber der Pilligkeit und Gerechtigkeit, die mit wolzeitigem Rat und gueter Vernunft begabt, das unverstendig und unerträglich gmain Volk regiern, in guter Ruhe, Frid und Ainigkeit zu allen Zeiten erhalten und mit guter Beschaidenheit zämen kinden.

---

nach jetzigem Thun und Sitten hat, und bis man sie kennen lernt, wie man keinem in's Hers sehen kann, oft viel Argos und Unkraut pflanzen." Aus den Jessuitenacten des k. Reichsarchivs.

1) Privatas (sc. scholas) quoque et quas Poeticas vocant improbamus, heisst es in den Salzburger Synodalbeschlüssen von 1569 bei Freyberg III, 270.
2) Prantl, Bavaria I, 585. hat seit ungefähr 1580 keinen Poetenschulmeister mehr gefunden.
3) Aus dem im k. Archivconservatorium München aufbewahrten Manuscript: Urkundliche Beiträge zur Geschichte des Schulwesens in Bayern von Franz Dionys Reithofer (1818).

Das drit ist, das man hab trewe, gelerte und vleissige Schulmeister, die die Jugent von Kindheit auf erstlichen zur Zucht und Gottsforcht, nachmals zu allen freien Künsten und Uebungen in gueten Sitten und gebürlicher Forcht mit höchstem Vleiss treulich informiren und unterweisen; den nichts leuchter gelernet, auch pas behalten würd, als was in der Jugent gelernt und gewonnt ist worden.

Und wiewol unser menschliche Natur und Aigenschaft nach den Fal unsers ersten Vatters Adam sogar verderbt und in Abfall kumen, das sy von stundan von Jugent auf mer geneigt zum bösen als zum gueten etc., nichts destoweniger hat uns dannoch Gott der allmechtig begabt und eingeben etliche Fünckle der Gottesforcht und Thugent, welliche weren gleich als ain Ursach und Anraizung zu aller Frumkeit und Erbarkeit. Dieselben Fünckle sollen mit unser Vernunft (darmit wür alle unverständige Thüer hoch übertreffen) erweckt und in allen erlichen Künsten und Uebungen von Kindheit auf gemeret und erhalten werden. Derhalben auch etliche gelerte Leut den menschlichen Verstand nit unfüeglichen ainer tafel, so zum malen zuvor geweist und zubereitet ist, verglichen haben; dann dieselbe, so sy inen zu macherley Gemälen und Figuren zu empfahen veordnet ist, nimbt sy die schönen und liechten Farben nit mit merer Müe und Arbeit an sich, als die unfletigen und dunckeln, so sy doch mit frölichen und hüpschen Farben gezieret und gemalet, auch mit lieblichen und lustigen Farben oder Figuren ausgezeichnet, vil anmuetiger und lieblicher erscheinet, auch alle die, so sy sehen oder mit vleis anschauen, mer erfrent und erlustiget.

Also tregt es sich auch zu mit unsern Gemütern, welliche, so sy nit von stundan von Jugent auf zu Zucht und Erbarkeit gewenet, in gueten Sitten, allen erlichen und freien Künsten erzogen werden, bleiben sy alsdann grob, rauch und wild, wie ein ungebauter Acker, der nicht als Distl und Dorn tregt, und geraten zuletzt an alle Zucht und Geschicklichkeit durch Zuelässigkeit, das sy nit darzu gezogen oder gehalten sein worden, in allerley Laster und Uebel mit irem grossen unwiderbringlichen Schaden, welliche aldann, so sy erwachsen und zu iren Jaren und Verstand kummen, gerewet es sy und betrachten allererst, wie sie ir Jugent so böslich verzeret und übel darinnen versaumbt sein worden. Aber was hülft es, so man den Stal zaletzt erst zue will thuen, so die Kue schon aus ist? Man würt auch weder in der Kürchen, bürgerlichen Aemptern und Verwaltungen, noch aignen Handlungen und Gescheften geschickte gelerte und daugliche Leut, die irem ampt vorsteen und auswarten kinden, haben, man gewene und ziehe sy dann zu solchen allen zuvor aintweders bey Iren Eltern daheim in den Häusern oder in den gemainen Schuelen, so zu solcher Zucht und Lernung pillicher weis geordnet und der Jugend zu guetem aufgericht werden solten.

Dan so man die Jugent (die noch aller Ding unerfaren, auch was ir künftiglich nuz mecht sein, wenig betracht) irs Gefallens selbst lasset hausen, würt sy aus Frecheit und Unfürsichtigkeit liederlich verfürst und geratt alsdann in alle Unzucht und Laster. Und es sey dann Sach, dass ainer in der Jugend zu aller Zucht, Frumbkeit, Erbarkeit, Gotsforcht und allen erlichen Stucken und Handlen angewiesen und auferzogen werd, sunst würt er deren im Alter wenig brauchen oder treiben.

Solche und dergleichen gmaines Nuz Anligen gebürt der Oberkeit Ampts halber zu betrachten.

Es kann aber solchem allen nit pas geholfen oder fürkumen werden, als wenn man guete gemaine Schuelen mit gelerten, frumen, vleissigen und trenen Schuelmeistern aufrichtet, die ain guete Ordnung und Vleis im Unterweisen, auch guete Zucht und Forcht unter den Schuelern erhalten.

Welliches, so ain ersamer weiser Rat diser Stat (Wasserburg) als treue Vorsteer und Vatter betrachtet, haben sy dise volgende Schuelordnung, wie es in ir lateinische Schuel und Chor mit lesen, singen und allen anderen gehalten soll werden, fürgenumen.

Haben uber solche auch Superattendenten (sic!) oder Visitatores verordnet, die alle Monat drei oder viermal samentlich oder sunderlich in die Schuel geen sollen und guete Acht haben, dass solche fürgenummene Schuelordnung von Schuelmaister und Cantor, auch allen der Schuel zuegehörig aufs vleissigest und treulichest gehalten werd; dann durch solliche Visitation oder Gegenwart der Superattendenten werden nit allein die Preceptores zu mererm Ernst und Vleis, sondern auch die Knaben zu merer Forcht und Gehorsam bracht, auch die Zwytrachtigkeit, so sich zu Zeiten zwischen den Preceptoribus von ainer schlechten Ursach wegen zuetregt, mag mit Rat und Zuethuen der Herrn Superattendenten leuchtlich gestillet und abgelainet werden; dann dise Unainigkeit der Jugent und Schuel gar nachtaillig ist.

Derhalben ain ersamer weiser Rat fürgenumem und in für guet angesehen, das in allen disen Articlen der jez fürgenumenen Schuelordnung, auch allem andern, so in der Schule oder Chor zuverrichten, soll der Cantor dem Schulmaister als dem Obern und Regenten gern volgen und nachgeben, auf das mit merer Ainhelligkeit und passerm Frid alle Schuel- und Chors-Verwaltnng zu der Jugent Nuz und Frummen angelegt und derselbigen Auferpaunng treulichen verricht werden.

Divisio classium.

Austailung der ganzen Schuel in dreierlei classes oder Sorten, was ainer jedwedern Sort vorgelesen oder wie sy gelernet sollen werden.

Die erste classis der kleineren und erst anfangenden Knaben.

Nach Rat des fürtreflichen glerten Mans Fabii Quintiliani solle kain Knab vor dem sechsten oder sibenten Jar seines Alters ernstlich oder streng zu dem Studieren oder embsiger Lernung gehalten werden, mag er aber Kurzweil halber oder kinderspielweis darvor etwas lernen oder ergreifen, ist es ein Anzaigen ainer gueten gelörnigen Art und ist sovil dester passer. Derhalben ain Knab, so er erstlich in die Schuel würt geschickt, muess er anfengklich die Buechstaben kennen lernen, darnach Sylben zusamen setzen, von wellichen er auf die ganzen Wörtle kumbt, auf wellichen so er ain zeit lang verharret, bis er wol und perfect lesen kan, soll er aus dem Taflbüchle, das er etlichmal zuvor ausgelernet hat, das heilig Vatterunser, Ave-Maria und die zwelf Stuck unsers christlichen Glaubens mit andern darinnen verfassten Gebettlen vleissig aussen lernen, auch alle zway lateinische Vocabl.

Nachdem er aber in den Donat kombt und denselben ain oder zwaymal bis ans End hinaus gelernet, soll er den auch, als vil ime daraus würt fürgeben, aussen lernen, auch denselben des andern Tags auswendig recitiren etc.

Neben diesem auch anfangen schreiben lernen. Man solle auch disen Knaben alle Tag ainen lateinischen Sentenz oder Vers fürschreiben, den sy tautschen und auswendig lernen sollen.

Diser Classe würt Schuelmeister und Cantor, doch zu abwechsloten Stunden, auswarten, dieweil die Grössern repetiren. Sy mögen auch zu Zeiten solliches zuverrichten bevelhen ainem aus den grössern oder armen Knaben, das diese, dieweil sy mit den grössern umbgiengen, die kleinen dieweil behörn und aufsagen lassen und sunst etwas in der Schuel für sy ausrichten. Jedoch das alzeit Schuelmeister oder Cantor selbs in der schuel gegenwärtig sein; dann nit von nöten sein will, das sy alle Werchtag baid in dem Chor sein, es fall dann etwas sunders für etc.

Der Cantor soll mit den pauperibus und etlichen andern grössten Knaben allain dem Chor vorsteen, der Schuelmeister der Schuel, das nit die andern dieweil versaumbt und müessig oder mustwillig in der Schuel vagieren und umblauffen.

Die ander classis.

In dise sein einzunemen alle die, so zuvor perfect lesen, auch zimlich schreiben kinden, darzu auch zum Tail decliniren und conjugieren in der ersten Classe gelernet haben. Dise sollen den Donatum allein und vleissig aussen lernen, darneben auch die fürnemsten Regulen der Grammatic und des Syntaxis. Es sollen inen auch alle Morgen vorgelesen werden Epistolae Ciceronis oder die Fablen Aesopi und mit sollichem Vleis und Verstand, das sy, dieweil sy noch klain verstandig, alle Wort wol fassen und begreiffen kinden.

Nachdem sy aber solche Lectiones für sich selbs repetiert, solle sy ain jetweder insunderheit verteutschen; darnach, wie sich nach einer jetweden Lection gebürt, soll mit sunderm Vleiss declinieret, conjugieret und construiret werden. Die Stunden nach Mittag sollen wie folgt angelegt werden.

Erstlich nachdem jetweder sein Geschrift, es sey teutsch oder lateinisch, gezaigt, sollen inen die Disticha Catonis expliciert, hernach von jetwedern insunderheit verteutscht, und gleichfalls, wie oben vermeldet, die Delinationes, Conjugationes, Constructiones und was zu solcher Lection die Not erbeischt, gebraucht werden. Es soll auch neben diesen gelesen werden die Grammatica Philippi Melanchtonis sambt anderem, was der Schuelmaister mit Rat und Vorwissen der Schuelherrn oder Superattendenten den Knaben zu Nuz für guet ansieht.

Die drit classis.

In diser drit Classen soll allein der zuegelassen werden, der in allem diesem, was in den vorigen zwaien classibus gelernet und fürgeben ist worden, zimlich versiert und erfaren ist.

Dise sollen am Morgen alle Tag die gross Grammaticam und Syntaxin Philippi aussen sagen, als vil vorgelesen oder aussen zu lernen bevolhen worden. Darnach sollen sy hören Epistolas Ciceronis familiares, und was vom Schuelmaister unterm lesen für schöne Sentenz oder was sonst zu mercken auf der Pan bracht würt, sollen sy vleissiglich annotieren und aufzaichnen etc. und so was fürfellt, das nit gut zu versteen oder schwerlich zu behalten, soll sollichs mit sunderm vleis verzaichnet und behalten werden oder in ain Enchiridion und sunders darzu verordnetes Buechle geschrieben werden. Nach diesem soll auch decliniert, construirt und, was sich zu einer jetlichen Lection gebüret, verricht werden. Man solle auch mit der Zeit diesen Knaben teutsche Sentenz zu vertiren, auch teutsche Argument, Epistel zu schreiben, fürgeben, die sy sollen lateinisch machen, und in diesem allem solle der Stylus, das ist, die Art und Eleganz Epistlen zu schreiben, auch alle Phrases und Modi loquendi auf nechstvorgeende Lectiones gericht und imitiert werden; dann sy derhalben zu solchem Nuz und Brauch vorgelesen und repetiert werden.

In dieser Classe solle Nachmittags der Terentius neben anderem, so für diese Knaben nuzlich sein würde, für die Hand genumen werden, dieweil kainer, der zu dem täglichen lateinreden zierlicher und tauglicher ist.

Was in der Schuel weiter zuethuen oder zu lesen in allen dreien Classibus, werden die Superattendenten mit Rat des Schuelmaisters der Jugent zu gueter Fördernis wol wissen zu ordnen.

Volgen etliche Articul, so in der Schuel durchaus in der gemain gehalten sollen werden.

Der I. Articul.

Erstlichen sollen alle die, so schreiben lernen, alle Tag Morgens und Abents, als oft sy in die Schuel giengen, jetweder ain Geschrift zaigen, damit sy dester pas schreiben lernen; dieselbigen sollen Schuelmaister und Cantor vleissig corrigieren.

II.

Zum andern soll man alle Werchtag nach Verrichtung des Gottesdienst mit denen Knaben, so zum Gsang tauglich, den Figural übersingen, fürnemlich so etwan ain Fest vorhanden oder sollichs ain ander notwendige Ursach erhaischt.[1]) Wer guet, dass man

---

[1]) In der Schulordnung von 1569 heisst es unter Artikel 3: „Sollen die Schulmeister und Cantores kainen Fleiss sparen, damit sie die Knaben auf den Kirchengsang wohl abgericht

ain Musik darneben less. Wo man aber nit Not halben, wie gemelt, übersingen muess, war es vil pesser und der Jugent nuzlicher, das dieselb Zeit bis auf die gebürend Stund, darinen mans haim laset geen, mit repetieren, decliniren etc. oder dergleichen Uebungen wurde zubracht. Sollichs soll auch geschehen nach der Vesper.

III.

Zum dritten ist breuchig und pillich, das den vleissigen Schuelern alle Wochen, darinnen sunst kain gepotner Feiertag ist, am Mitwoch oder Pfinztag (Donnerstag) den Abend Vacanz oder Ferie geben werden, auf das sy die übrig Zeit der ganzen Wochen mit mereren Lust und Begür zum Stadieren zuebringen.

IV.

Alle Freitag Morgens sollen alle Lectiones und Auctores, so dieselb ganz Wochen gelesen werden, in allen Classibus widerumb repetirt werden, dan sy also mit mererm Vleiss gelernet und lenger behalten werden. Den Abend soll der Cantor übersingen den Choral, als vil auf künftig Wochen im Chor zu brauchen, der Schuelmaister für sich selbs oder durch der grossen Knaben ainen, dem ers befülcht, dieweil die klainen vocitanten examinieren und behörn.

V.

Am Sambstag soll in den dreien Classibus alles das, so die ganz Wochen auswendig gelernet ist worden, auch ausser gesagt und recitiert werden. Den Abend eine ganze Stund vor der Vesper soll man in die Schuel geen. Dieselb Stund nichts nuzlichers noch füeglichers tractiert kan werden als wenn man einen Catechismum oder die fürnemsten Articl unsers christlichen Glaubens kürzlich und einfeltigklichen proponiert und erkläret, oder so sich je die Zeit vor der Vesper so lang erstrecket, mag man das schön Büechle des Erasmi lesen de civilitate morum, das ist von gueten Sitten und erlicher Zucht der Jugent, oder das Evangelium auf nechsten Suntag oder Feiertag, wiewol es pesser wer, das solches Morgens vor Mittags explicieret wurd etc.

Den Kleinen soll dieweil das heilig Vater unser, Ave Marie, die zwölf Stuck des christlichen Glaubens sambt andern kurzen Gebetlein, in dem Tafelbüechle begriffen, zu Zeiten teutsch, zu Zeiten lateinisch, aufs einfeltigest vorgebettet oder vorgesprochen werden.

VI.

Es solle auch der Schuelmaister in seiner und obersten Classe alle Wochen voraus ain oder zway teutsche Argumenta Epistolas fürgeben, und in sollichen, wie zuvor auch

---

seyen und deshalben ihnen aufs wenigst einmal in der Woche überningen, wo es auch sein mag, voraus bei Städten, Märkten und Klöstern, den Figurat (figurirten Gesang) zeigen und bekannt machen.

vom täglichen Lateinreden vermeldet, sollen alzeit vleissig die nechst vorgeeenden Lectione observiert und imitiert werden, das man die Argumenta daraus neme, als vil möglich, und demselbigen Stylo aufs vleissigest nachkumen werd, welliche Uebung, so sy ain zeitlang mit guetem Vleis verharren, werden sie alsdann, was inen fürknmbt, aus dem Teutsch ins Latein wol und zierlich vertieren kinden.

VII.

Dise richten nit vil aus im Studiren oder unterstoen sich dessen gemaincklich mit klainem Nuz oder Aufnemen, die sich, nachdem sy ir Fundamenta Grammatices haben, nit stetzs und empsigklich im Lateinreden exerciren und uben; denn so andere und frembde Sprachen durch Brauch und Uebung on alle Regulen der Grammatic gelernet und begriffen werden, warumb wolt nit auch die lateinische Sprach durch vil lesen derselben Bücher, stetes und tägliches reden der Preceptoren und Discipl mit der Weil auch gelernet kinden werden?

Wers noch nit kan, der schweig still und höre Andern zu, bis er auch etwas lernet und was auch kann. Dergleichen Discipl haben auch die alten kriechischen Philosophen gehabt, deren ainer Pithagoras gewest, wellicher zwen Disciplen zway ganze Jar, bis sy etwas merers gelernet, von merer Zucht und Gehorsambe wegen das reden durchaus verpotten haben.

Derhalben solle solliche in dieser Schulordnnng voraus bey den grössern fürgenomen und gehalten, auch etliche haimliche und ofentliche Aufmerker bestelt werden, die alle die, so yn der Schuel teutsch reden, vleissig anfzaichnen, auch dieselbigen alle Wochen voraus ainmal verlesen werden und umb die Verprechung ir gebürliche Straf empfangen sollen.

E. W.

dienstmeiliger Leonhard Alber, der Arzney Doctor und Stattphysikus alhir in Wasserburg.

---

b. Zur Geschichte des deutschen Volksschulwesens im 16. und 17. Jahrhundert.

Es lässt sich nicht nachweisen, wann zuerst in Bayern deutsche Volksschulen entstanden sind. Die Schulordnungen von 1548 und 1569, sowie die Salzburger Synodalbeschlüsse des letztern Jahres setzen deutsche Schulen auch auf dem Lande als schon bestehend voraus.[1]) In den

---

1) Die Synodalbeschlüsse von Salzburg gedenken auch schon der Mädchen als Schülerinnen der deutschen Schule (Freyberg III, 275) und ebenso die Schul- und Zuchtordnung für deutsche Schulen von 1582 S. 6.

Städten und Märkten mögen sie ursprünglich und vielleicht noch lange nachher mit den lateinischen Schulen insofern zusammengefallen sein, als die von der Pfarrei oder dem Magistrat bestellten Cantoren und Schulmeister neben den Anfangsgründen des Lateinischen auch das Deutsche lesen und schreiben lehrten. Schon früh scheinen aber auch für den Unterricht in der Schreib- und Lesekunst, wozu meist noch das Rechnen hinzukam, in den Städten sich besondere Lehrer aufgethan zu haben, die wir insofern als Privatschulmeister betrachten dürfen, als sie, ohne ein Einkommen aus Gemeinde- oder Pfarmitteln und lediglich auf das obrigkeitlich festgesetzte, quattemberweise von ihren Zöglingen entrichtete Schulgeld angewiesen, zunftartig dem Stande der Gewerbetreibenden eingegliedert waren.

Dass es im 16. Jahrhundert in München neben den beiden Pfarrschulen und dem von Magistrate bestellten „Poeten" eine Reihe solcher deutschen Lehrer gab, sehen wir aus der von Westenrieder Band V seiner „Beiträge" (S. 231) veröffentlichten Schulmeisterordnung vom Jahre 1564, welche anbefiehlt, dass keiner ohne Erlaubniss des Rathes Schule halten und von den Kindern mehr Schulgeld nehmen soll, als von Obrigkeits wegen festgesetzt worden ist.

Vielleicht ist es nicht zu gewagt, auch in den Schulhaltern, welche das älteste Gewerbepolizeigesetz Münchens (um 1300) unter den übrigen Gewerbsleuten der Stadt aufführt[1]), schon deutsche Schulmeister zu vermuthen. Es heisst daselbst: „Swelich schüler acht tag in ein schul get, der geb das gantz lon von einem jar, welle er aber vor dem jar aus der schul in die andern gan, so geb er peidenthalben gantzes lon umb sein unstât und sein irregang."[2]) Und sol man dem maister ze den vier chotempern (Quatembern) vierstund (viermal) in dem jar sein lon geben, ze iglichem chotemper 12 Pf." — Während hier als Quatembersold von jeglichem Schüler nur 12 Pfennige zu fordern gestattet ist, bewilligt die Schulmeisterordnung von 1564 alle Quatember für Unterricht im

---

1) Prantl a. a. O. S. 523.
2) Dies Uebertreten von einer Schule in die andern — man achte auf den Plural — passt nicht auf die beiden Pfarrschulen, wohl aber auf die deutschen Schulanstalten. Es sind dieselben Verhältnisse angedeutet, die wir im 16. Jahrhundert und noch später finden.

Lesen und Schreiben 15 Kreuzer, für beides nebst Rechnen 30 Kreuzer und, falls noch die „wälsch Practica" (die nicht ganz mit der Regel-de-tri zusammenfällt) hinzukommt, sogar einen Gulden. Aehnlich waren die seit unverdenklichen Zeiten („bis in die hundert Jahr" heisst es gegen Ausgang des 16. Jahrhundert) in Landshut üblichen Honorarverhältnisse, indem man einem deutschen Schulhalter für Buchstabiren und Lesen 15 Kreuzer, für Lesen und gewöhnlichen Schreibunterricht 5 Batzen (20 Kreuzer), für Unterricht in Fractur, Canzlei- und gewöhnlicher Briefschrift einen halben Gulden und, wenn noch Rechnen dazu kommt, einen Gulden als Taxe zahlte.

Den Charakter der Privatanstalten streiften auch die deutschen Schulen der bayerischen Städte in der Zeit noch nicht ganz ab, als die Regierung anfing, ihnen aus religiösen Rücksichten rege Aufmerksamkeit zuzuwenden. Die deutschen Schulmeister blieben ohne Besoldung und regelmässig auch ohne ein Nebenamt; denn der Cantor, welcher den Kirchendienst besorgte, war Lehrer an der lateinischen Pfarrschule. Nur die Dienste von Schreibern werden die deutschen Schulhalter häufig der Gemeinde oder einzelnen Zünften geleistet haben. Einem der Schulmeister Wasserburgs ist 1643 auch die Stadtwage anvertraut.

Die Regierung kümmerte sich nur in sofern um die deutschen Schulen, als sie das Recht der Ueberwachung in Anspruch nahm, Schulvorschriften namentlich mit Rücksicht auf die religiöse Erziehung ertheilte und die Erlaubniss, Schule zu halten, nur denen gab, die sie für tauglich hielt. In den Städten werden die vom Magistrat bestellten Schulherrn die Controle wie über die lateinischen, so auch über die deutschen Schulen geübt haben; auf dem Lande nahm die weltliche Obrigkeit die Pfarrer zu Hülfe.[1)]

Die Pfarrer waren es übrigens auch, welche auf dem Lande häufig selbst Schule hielten oder durch einen „Gesellpriester" halten liessen. Selten mögen sie sich dazu eines weltlichen Schulmeisters bedient haben.

[1)] Im J. 1569 wurde die Aufstellung von zwei verständigen Gerichtsleuten, als sogenannten Schulherrn, angeordnet, welche jährlich 2 mal den betreffenden Schulbezirk visitiren sollten. Ein Mandat von 1619 übertrug den Beamten und Pfarrern die Local-Schul-Inspectionen. Freyberg a. a. O. 277.

Noch seltener aber werden von dem Pfarrer unabhängige Schulmeister, wie wir sie, andern Gewerbtreibenden gleich, in den Städten finden, auf dem Lande thätig gewesen sein, mit Ausnahmen jener allerdings nicht seltenen Privatlehrer, welche wohlhabende Bauern, sei es einer für sich allein oder mehrere im Verein miteinander, in Dienst nahmen.

In der Bittschrift der Landshuter Schulmeister (cc. 1600), die unten zum Abdruck kommt, wird geklagt: „Nicht weniger auch die vermöglichen Bauern auf dem Lande herum nehmen selbst weitläufig fremde Landfahrer zu deutschen Schulhaltern auf, geben ihnen jährliche Besoldung, (wes Glaubens sie seien, wie oder auf was Weise sie ihre Schulkinder lehren, können wir nicht wissen) und verderben uns unsere deutschen Schulen."

Solche Schulen, die sich der obrigkeitlichen Controle entzogen und seit Eröffnung des Kampfes gegen die reformatorischen Tendenzen nicht selten als Pflegestätten ketzerischer Gesinnung angesehen wurden, bezeichnete man als „Winkelschulen", zu denen auch diejenigen städtischen Privatanstalten gehörten, die heimlich von nichtzünftigen oder nicht „geschwornen" Schulmeistern gehalten wurden. Man spürte ihnen mit besonderem Eifer nach und suchte sie ganz zu beseitigen, während man die öffentlich gehaltenen Schulen durch die Entfernung verdächtiger Lehrer und durch fleissige Controle ungefährlich machte.

Als Albrecht V. 1569 eine allgemeine Landesvisitation veranstaltete, trug er den Inquisitoren auf, insonderheit den Glaubensstand der Schulmeister in Stadt und Land zu prüfen und diejenigen ihres Dienstes zu entsetzen oder gar ausser Landes zu verweisen, von denen es sich offenbarte, dass sie fremden Lehren huldigten. Ein gleichzeitiges Landgebot trug den Gerichtspflegern auf, neben andern „die Winkelschulen und heimlichen Zusammenkünfte, darinnen sectische Postillen und andere verführerische Bücher gelesen werden, gänzlich abzustellen." [1] In derselben Richtung ging eben damals die Salzburger Synode vor. [2]

---

[1] Die wichtigsten Stellen aus der Instruction für die Landesvisitatoren und dem gleichseitigen Landgebote finden sich bei Sugenheim, Bayerns Kirchen- und Volkszustände im 16. Jahrh. S. 78 ff.

[2] Reperiuntur enim alicubi clancularias scholae, in quibus aliqui sed non optimi plebis liberos suos malunt institui, ut juxta humaniorum literarum principia, etiam recentioris doctrinae

Es kann kaum Verwunderung erregen, wenn eine so ganz von clericalen Tendenzen beherrschte Regierung, wie die Wilhelm V. es war, offen darauf auszing, nicht allein die verhassten Winkelschulen, sondern alle Schulen auf dem Lande abzuschaffen, und nur noch die Kinderlehre durch Priester abhalten zu lassen. Eine Deklaration, welche i. J. 1578 zu der bayerischen Landesordnung verfasst wurde, wollte denn auch, „vieler erheblicher Ursachen willen" sowohl die deutschen als lateinischen Schulen auf dem Lande gänzlich abschaffen, „item in den Märkten auch die lateinischen, es wäre denn Sache, da es wegen des Gottesdienstes vonnöthen oder bis dato herkommen." Auch die Schulordnung von 1582 verfolgte denselben Zweck, wenn sie vorschrieb, dass „der Schulmeister Anzahl soviel als thun- und möglich eingezogen werde."

Anders als die Regierung und ihre jesuitischen Rathgeber urtheilte über das Schulwesen der denkende Theil des Volks, freilich wohl nur ein kleiner Bruchtheil. Denn die Masse der Menschen wird trotz der geistigen Regsamkeit, die wir im 16 Jahrhundert in weiten Kreisen bemerken, und trotz der Zähigkeit, womit Einzelne die von Eltern und Ahnen ererbten literarischen Schätze, aller Inquisition ungeachtet, in Ehren hielten, sich unter geistlicher Führung ohne grosse Ueberwindung in den Zustand der Verdumpfung und Verdummung, welcher der angebornen Trägheit so bequem ist, gefügt haben. Wozu sollte man auch noch ferner lesen lernen oder es die Kinder lernen lassen, wenn man die zur Seligkeit nothwendigen Glaubenslehren und Gebete ohne Bücher dem Gedächtniss einzuprägen vermochte, durch Lectüre dagegen nicht allein seine Seele gefährden, sondern auch mit geistlichen und weltlichen Richtern in Conflict kommen konnte? Oder hat nicht mancher dafür büssen müssen, dass er ketzerische Schriften heimlich aufbewahrte und darin Erhebung und Erbauung suchte? Wer dagegen die gefährliche Kunst des Lesens nicht verstand, mochte immerhin irgend ein literarisches Erbstück, das den Eltern theuer gewesen, als Andenken aufbewahren; die Unkenntniss schützte ihn vor Strafe. Rechnet man noch

---

venena imbibant, quibus ita a teneris imbuti, tanquam in herba inficiantur et opacantur ut ad nullius frugem verae Ecclesiae pervenire queant: quas scholas penitus extirpandae et nullo in loco Christiani nominis tolerandae sunt. Freyberg a. a. O. 270.

hinzu, dass auch die Gelegenheit Unterricht zu empfangen seltener wurde, so begreift man, wie bedenklich gross und tiefgehend der Rückschritt gewesen sein muss, den die Bildung des Volks seit der 2. Hälfte des 16. Jahrhunderts machte.

Dass es aber auch zu Anfang des 17. Jahrhunderts noch nicht ganz an Männern fehlte, welche den Werth der Schulbildung vollständig zu würdigen wussten und muthig genug waren, um Jenen entgegen zu treten, die das Unterrichtswesen absichtlich verkümmern liessen, lernen wir aus den im J. 1616 zwischen den Landschaftsverordneten und den Räthen Maximilians I. gepflogenen Verhandlungen über eine neue Landesordnung. Es scheint mir nicht überflüssig, auf das, was M. v. Freyberg darüber aus den Akten mitgetheilt hat,[1) wiederholt die Aufmerksamkeit zu lenken.

Wer diese Verhandlungen mit Sorgfalt liest, überzeugt sich leicht, dass die Gründe, welche die herzoglichen Räthe gegen Wiederaufrichtung der Dorfschulen vorbrachten, zum grössten Theil nichtige Vorwände waren, welche die wahren Gesinnungen verhüllen sollten und von den wackern Landschaftsverordneten unschwer widerlegt wurden. So wenn geltend gemacht werden sollte, dass es in Klöstern, Städten und Märkten deutsche Schulen in hinlänglicher Zahl gäbe, oder dass die meisten Schulmeister in den Dörfern die Pfarrer und deren Gesellpriester seien, derenhalben mit den Mädchen oder gar mit den Müttern leicht allerlei Ungelegenheit vorkommen könnte, oder wenn endlich auf den grossen Mangel an rechtschaffnen Dienstboten hingewiesen wurde, der daher rühre, dass allein um dergleichen unnützen oder Winkelschulen willen keine Eltern ihre Kinder mehr zur Arbeit, sondern allein auf's Feiern erziehen wollen.

Die Landschaftsverordneten, denen Einer, der seine eigene Muttersprache weder lesen noch schreiben kann, „gleichsam schier wie ein todtes Vieh" erschien, und die der Meinung waren, dass auch aus Bauernkindern tüchtige Leute werden könnten, bleiben dabei, dass der Unterricht derselben sowohl im Interesse der Gewerbe und des Handels, als auch des Reuterdienstes gelegen sei, da Leute, die nicht lesen und

---

1) Pragmatische Geschichte der bayer. Gesetzgebung und Verordnung III, 294 ff.

schreiben können, nicht einmal zu diesem Geschäft brauchbar seien. Nicht durch die Schulen, meinten sie ferner, würden die Kinder, die ja auch sonst, ehe sie zur Arbeit angehalten werden, „feiernd" umher gehen, zum Müssigang erzogen, und jedenfalls wäre es besser, sie lernten inzwischen etwas, das ihnen auf alle Fälle, es möchte aus ihnen werden, was da wolle, nützlich sein könnte; wenn sie dagegen zu nichts anderm als zur Bauernarbeit tauglich werden, so heirathen sie auf's Tagewerk und erzielen einen Haufen Bettler, während doch, was sie in der Kindheit gelernt, ihnen an der Bauernarbeit nicht schädlich oder hinderlich wäre.

Nicht minder wird der Einwand wegen der drohenden Verführung der Töchter und Mütter durch die als Schullehrer fungirenden Pfarrer und Gesellpriester zu nichte gemacht. „Wider sie ist insgemein keine solche praesumtio oder suspicio, sonderlich in diesem Fall, zu schöpfen;" denn es werden ja nur die Kinder, vornehmlich die Knaben unterrichtet, und wenn die Mütter Ungebühr treiben wollen, werden sie andere Gelegenheit suchen.

Ernster war unzweifelhaft ein anderer Einwand gemeint, den die Räthe gegen die deutschen Schulen erhoben, dass sich nämlich aus Unverstand der Gemeinden „verlaufene Buben, ja solche Gesellen eindrängen, dass man nicht weiss, wie sie in der Religion beschaffen und durch ein einzig ketzerisch Büchlein, weiss nicht, was für ein Gift aussprengen." Die Landschaftsverordneten wollten auch dieses Bedenken nicht gelten lassen und meinten, man könnte sich wegen der Religion der Schulmeister hinlänglich sichern. Im J. 1616 war es allerdings wohl richtig, dass nicht leicht ein Unkatholischer oder Irrgläubiger eine Anstellung als Lehrer fand; aber früher hatte man ungeachtet aller von der Regierung geübten Vorsorge in dieser Hinsicht schlimme Erfahrungen genug gemacht, und aus der unten zum Abdruck gebrachten Bittschrift der Landshuter Schulmeister sieht man, dass noch gegen Ende des 16. Jahrhunderts auf dem Lande Lehrer thätig waren, deren Orthodoxie wenigstens in Zweifel gezogen werden konnte.

Uebrigens war das Ergebniss der denkwürdigen Berathungen, wie es im 10. Artikel der Landes- und Polizeiordnung von 1616 vorliegt, dass die lateinischen Schulen in Städten, Märkten und Flecken, wo sie früher bestanden, wieder aufgerichtet, dagegen in den Dörfern abgeschafft und auch in den „schlechten Märkten" nur soweit zugelassen werden sollen, als man ihrer zur Unterhaltung des Gottesdienstes und zur „Lernung" der Bürgerkinder (also nicht der Bauern) bedarf.

Bezüglich der deutschen Schulen aber heisst es: „Dieweil auch an den deutschen Schulhaltern, dadurch die Jugend zu guten Schriften und fertiger künstlicher Rechnung gezogen werden soll, nicht wenig gelegen, sollen Städte und Märkte dieselben zu sich zu bringen keineswegs unterlassen, damit die Jugend anheim bei ihren Eltern mit geringern Unkosten möge erzogen und nicht anderer Orten ausser unsern Fürstenthümern aus Noth mit Beschwerniss müsse verschickt werden. Da aber demselben hiefür nicht würde nachgesetzt, so wollen wir, dass unsere Regiment sich dieses Werks selbst unterziehen und darob sein, damit solchem Gebot mit Ernst nachgesetzt werde, auch aus ihrem Mittel, wo von Nöthen, zu den Visitationen ordnen; dadurch wird nicht allein die christliche Disciplin und Ehre Gottes befördert, sondern die Jugend in einer Furcht und Zucht, dem gemeinen Vaterland zu Gutem, auferzogen."

„Wo auch bisher auf dem Lande in Dörfern deutsche Schulen gewesen, sollen dieselben in den grossen Dörfern nochmalen gehalten werden und Fürsehung beschehen, dass die Schulhalter dennoch hierzu auch, soviel es die Nothdurft schreiben und lesen zu lernen erfordert, tauglich und sonsten also beschaffen, dass sie den Kindern oder andern nicht ärgerlich; doch soll man kein Bauernkind über 12 Jahre in die Schule gehen lassen, sondern nach solcher Zeit zu anderer Arbeit, Diensten oder Lernung anhalten."

„An welchen Orten aber ausserhalb Städten und Märkten und den grossen Dörfern, die von Städten und Märkten weit entlegen, bisher keine deutschen Schulen gewesen, daselbst sollen auch keine ohne unsere oder unserer Regierungen Erlaubniss und Bewilligung von neuem aufgerichtet und angestellt werden."

Wie es scheint, beseelte den Herzog Maximilian selbst ein grösserer Eifer für das Schulwesen als manche seiner Rathgeber. Am wenigsten that der geistliche Rath, dem doch durch die Rathsordnung von 1608 aufgegeben worden war, auf die lateinischen und deutschen Schulen ein wachsames Auge zu halten, solche zu gehöriger Zeit zu visitiren und umzugestalten (mit Ausnahme der von der Gesellschaft Jesu verversehenen Anstalten), seine Schuldigkeit[1]); denn schon 1614 musste derselbe durch ein scharfes Rescript aufgefordert werden, sich jener seiner Pflicht eifriger anzunehmen[2]), und dass auch diese Mahnung nebst einer erneuten Aufforderung vom J. 1619[3]) nicht viel fruchtete, ergibt sich aus einem unter dem 24. August 1639 an den geistlichen Rath gerichteten Erlasse, worin es heisst: „Der Obliegenheit in Visitation, Reformation und guter Bestellung der Schulen sei der geistliche Rath gar nicht nachgekommen; er halte weder Aufsicht über die Schulen, noch sende er Auszüge aus den rentmeister'schen Umrittsprotocollen, die Schulen betreffend, ein, noch auch begehre er von Städten, Märkten und von den Beamten hieüber einigen Bericht."[4])

Dass die Rentmeister auf ihren jährlichen Umritten auch die Schulen zu visitiren haben, hatte Maximilian schon im J. 1614 angeordnet. Ihrer Controle unterstanden die Beamten und Pfarrer, welche die Localschulinspection zu besorgen hatten; von diesen sollte der Rentmeister Bericht einfordern.

Mehr jedoch als der Schulunterricht lag auch dem Fürsten die „Kinderlehre" d. h. der primitive Religionsunterricht am Herzen. Schon Herzog Wilhelm hatte 1587 die Bischöfe aufgefordert, der Geistlichkeit ernstlich anzubefehlen, dass sie der Jugend den Katechismus fleissig vortragen, und dabei eine nachdrückliche Mitwirkung der weltlichen Obrigkeit in Aussicht gestellt.[5]) Wahrscheinlich sind damals jene aus geistlichen und weltlichen Beamten bestehenden Commissionen zur Ueberwachung der Kinderlehre eingesetzt werden, deren die unten abgedruckte Bittschrift der Landshuter Schulmeister gedenkt.

Nicht minder liess sich Maximilian die Beförderung der Kinderlehre angelegen sein und suchte sie nicht allein mit Hülfe der Bischöfe überall in Aufnahme zu bringen, sondern wies auch seine Verwaltungsbehörden

---

1) Freyberg III, 278.
2) Freyberg a. a. O. S. 294.
3) Freyberg a. a. O. S. 279.
4) Freyberg a. a. O. S. 278.
5) Freyberg a. a. O. S. 278.

an, die Angelegenheit zu überwachen. Insbesondere hatten die Rentmeister bei ihren Umritten die Beamten zu vernehmen, ob die Kinderlehre fleissig gehalten werde, und wenn diessfalls eine Nachlässigkeit vorkomme, dies dem Umrittsprotocoll einzuverleiben und den Ordinarius der Diöcese aufzufordern, dass derselbe die nachlässigen Pfarrer und Seelsorger zu fleissiger Haltung der Kinderlehre anhalte.[1]) Selbst die Kälte des Winters und die Weite des Wegs sollten nicht als Hindernisse gelten dürfen und neben den Kindern auch die erwachsenen Dienstboten an dem Unterricht theilnehmen; da indess „alte und gestandene Personen und Ehehalten" sich schämten, öffentlich gefragt zu werden, und sich desshalb der Kirche entäusserten, so sollten dergleichen „gestandene Dienstboten" mit derartigen Fragen bei der Christenlehre verschont werden. Um aber bei der Jugend zum Besuche des Unterrichts im Katechismus mehr Eifer und Fleiss zu erwecken, werden von den vermöglichen Gotteshäusern jährlich etliche Gulden zum Ankauf von Bildern, Kreuzchen, Pfenningen und dergleichen verwendet und diese unter die Jugend ausgetheilt.

Weshalb wurden aber alle diese Mittel aufgeboten, um die Kinderlehre allgemein in Aufnahme zu bringen? „Weil, wie ein Mandat von 1628 sagt, die Landeskinder und Unterthanen so schlecht in Glaubenssachen unterrichtet sind, dass sie von dieser wichtigen Sache, von welcher gleichwohl das Seelenheil abhängt, gemeiniglich gar nichts oder wenig wissen, und eben daher, wenn sie in die Fremde kommen, von den Akatholischen leicht überworfen und zum Abfall gebracht werden."

War aber, um die heranwachsende Jugend mit der katholischen Glaubenslehre vertraut zu machen, der sonntägliche Katechismus-Unterricht, der ½ Stunde lang von den Pfarrern ertheilt zu werden pflegte, hinreichend? Die Regierung musste sich überzeugen, dass man, wenn nicht auch in den Schulen der Katechismus gelehrt wurde, den Zweck nicht erreiche, und deshalb werde im J. 1643 von neuem versucht, das vernachlässigte Volksschulwesen emporzubringen. Ueber die Maassregeln, welche damals ergriffen wurden, und den Zustand, in welchem sich um

---

1) Freyberg a. a. O. S. 261.

diese Zeit das Volksschulwesen in Wasserburg befand, unterrichten uns Aktenstücke, die unten mitgetheilt werden sollen.

Zuvor wenden wir uns einer undatirten, wahrscheinlich dem Ausgang des 16. Jahrhunderts angehörigen Bittschrift der Landshuter Schulmeister an den Herzog (Wilhelm?) zu.[1]) Das Schriftstück versetzt uns in eine Zeit, wo das Interesse für die Heranbildung der Jugend noch in weiten Kreisen so lebendig war, dass nicht allein Eltern ihre Kinder aus entfernten Orten des Elementarunterrichts wegen nach grösseren Städten sandten und sie dort bei den Schulhaltern selbst oder, wie diese klagen, noch öfter bei Gastgebern und anderen Gewerbetreibenden in Kost gaben, sondern die wohlhabenden Bauern auf dem Lande selbst Lehrer in Dienst nahmen. Es ist bemerkenswerth, dass die Letzteren als fremde Landfahrer bezeichnet werden, von denen man nicht wissen könne, wes Glaubens sie seien und auf welche Weise sie die Kinder lehren. Später sehen wir aber auch, dass die in den umliegenden Städten und Märkten thätigen Schulhalter „fremde" genannt werden, und dass die Gemeinden diese besser halten und versorgen, als es den armen Bittstellern von ihren Mitbürgern widerfährt. Sie stellen ihre Lage als sehr beklagenswerth dar. Während ihnen die Privatlehrer der Bauern zum grossen Theil die Schüler, ihre Mitbürger die Pensionäre entziehen, sollen ihrer neun, da doch sechs kaum genug zu thun hätten, mit Weib und Kind, ohne weiteres Gewerbe, von dem herkömmlichen geringen Schulgeld nebst „kleinen Zuständeln" leben.[2]) Und nicht einmal dieses Quatembergeldes sind die Schulhalter sicher; denn indem der eine dem andern gern die Schulkinder abpracticirt, geschieht es oft, dass ein Kind den Lehrer wechselt, ohne dass das schuldige Schulgeld vorher entrichtet wird.

---

1) Auf das Ende des 16. Jahrh. weist die Handschrift (gleichzeitige Copie) und dazu stimmt auch der Inhalt. Einen festern Anhalt zur Bestimmung des Datums könnte die Erwähnung der zur Ueberwachung der Christenlehre eingesetzten Commission geben, wenn wir den Ursprung dieser Einrichtung genau kennen würden. Vgl. oben S. 198.

2) Zum Schulgeld s. o. S. 189. Zwei hundert Jahre später hatten sich die Honorarsätze auf dem Lande nicht sehr gehoben. Das Pfleggericht Wildshut berichtet 1765 an den Kurfürsten Max Joseph III., dass die deutschen Landschullehrer wöchentlich von einem Kinde, das Lesen lernt, 2 kr., und von einem, das zugleich schreiben lernt, 4 kr. erhalten. Das ergab also in einem Vierteljahre 24 resp. 48 kr. Die Reichen zahlten nicht mehr als die Armen; für einige arme Kinder wurde, da kein Fundus vorhanden, das Schulgeld von Wohlthätern, namentlich von Geistlichen gezahlt. Archivconservatorium München.

Gegen diese Uebelstände soll der Herzog oder die Landesregierung einschreiten, indem sie alle Kostkinder den Lehrern zuweist, die Zahlung des herkömmlichen Schulgeldes Jedem zur Pflicht macht und die Aufnahme weiterer Schulhalter verbietet. Die armen Schulmeister hoffen um so mehr auf gnädige Willfahrung ihrer Bitte, als sie seit fast 8 Jahren die Kinderlehre fleissig verrichtet und die Zeit her nicht mehr als 2 Metzen Korn aus Gnaden erhalten haben.

Ob und wie jenen Bitten willfahrt wurde, wissen wir nicht. Das aber wird man als sicher annehmen dürfen, dass die gegen die „fremden", „landfahrenden" Schulmeister gerichtete Denuntiation in München nicht unbeachtet geblieben ist.

Die deutschen Schulhalter in Landshut an den Herzog[1]).

(Gegen Ende des 16. Jahrhunderts).

Durchlauchtigster Hochgeborner Fürst ... E. f. D. khönnen wir armen Teutsche Schuelhalter und Mitburger zw Landshut hochgetrungner Not halber clageweis nit verhalten, wie das unns unnsere mitburger alhie als Gastgeben, Breu-, Handlsleüt unnd anndere, so vorhin reich und ir Narung wol haben, so gar in unnser Hanndtierung eingreiffen unnd nemmen uns vaast nahet alle frembde unnd alhirige Burgerskhinder umb ein geringe Gellt in die Coast an. Nit weniger auch die vermöglichen Pauer auf dem Lanndt berumb nemmen selbs weitleuffig frembde Lanndtfarer zw Teutschen Schuelhaltern auf, geben ine jerliche besoldung; was glauben sy sindt, wie oder auf was weiss sy ire Schuelkinder lernen, khönnen wir nit wissen; und verderben uns unnsere tegliche Narung, das wir Teutsche Schuelhalter alda einer offtmals nit ein Kostkhindt in seiner Zucht unnd Lerunng mer hat. Darzue auch unnsere Teutsche Schuellen alhie so vaast übersetzt sindt, das unser woll neun geschworne Schuelhalter alda unnd unnser sechs auch mit Hilf Gottes wol verrichten khönnden unnd wir sonst (wais got) ye khain andere Handtierung oder Gewerb nit haben, allain was sich ein yeder Teutscher Schuelhalter mit seiner Schuelhalltung, das doch gar ringschätzig unnd wenig austregt, sambt Weib und Khindt unnd schweren Hausszinsen in der Armueth dahin behelffen muess. Gelangt demnach an E. f. D., alls unnser von Gott dem Allmechtigen hoechst fürgeschützte

---

1) Nach der gleichzeitigen Abschrift im Archivconservatorium München. Ohne eine weitere Aenderung der Vorlage, als dass die grossen Anfangsbuchstaben auch da gesetzt wurden, wo sich kleine faden.

Obrigkhait und schutzherrn, durch Gott unnd unnser lieben Frauen willen unser aller underthänigist hechst Aeruoffen und Bitten, E. f. D., alls unnser genedigister Herr und Lanndsfürst, die wellen uns aus grossen Gnaden und f. angeborner Mülde und Barmhertzikhait willen so genedigist erscheinen unnd g. einsehen thuen, unns derowegen ain g. Beyelch an den erwürdigen, edlen und hochgelerten Herrn Dechant und Oberrichter alda, als von E. f. D. Regierung über die neue aufgerichte Kinderlehr des Catecismus halber verordnete unnd gesetzte Herrn Commissarios, genediglich mitzethaillen, damit erstgedachte beede Hern aus Befelch E. f. D. allen denjhenigen obbemellten Burgersleuthen, Winckhel-Schuellhaltern und andern genedigclich abschaffen liessen, damit sy alle ire frembde unnnd albieige Kostkhinder, so überall alda zw uns in die Schuell geen unnd benennen khönnen, von inen aus der Cost theten und khainer khains hinfüran mer annemmen dürffte, sonnder allein uns Teutschen Schuelhaltern alhie mit allen G. zuegeschafft warden, die wir unn alle mit Hilf göttlicher G. auf alle Gotsforcht, Zucht und Lehrnung vleissig erziehen und dahin weisen wolten, daran ire Ellitern ain g. wolgefallen haben sollen, und in vil besserer zucht als sy halten, dann sy gar wenig Zucht bei inen sehen und lernen, sonder sy auch offt dahaimbt behalten, zue irem grossen nutz wol brauchen, ir tegliche Lernung dardurch versaumen muessen, gar unfleissig zur Schuell schikhen, und wann die khinder aus der schuell haim khummen, ir Lernung und threue Vermanung bald vergessen und auf ein Orth legen unnd auf der Gassen vergeblich umblauffen und iren freyen Willen lassen, darumben sich der Kostkhinder Eltern desshalber vilmals gegen uns beschwären thuen und fragen, was doch die ursach sey, das ire khinder so wenig in der schuell lehrnen. Wann wir inen alsdann die Warheit sagen, sy schickhens unfleissig herein in die Schuell, und sy's darnach irer Kinder Kostherrn verweisen thuen, geben uns die Schuldt, reclainsern uns und nemmen uns darnach die Khinder aus der Schuell und thuens wider zw einem andern, verderben also die Kinder mit irem Hinund Widerlauffen, das sy bei khainem Schuelhalter nichts rechts mer lernen khönnen. Daneben auch so bitten E. f. D. wir ganntz unterthenigclich, das wir bey unsern alltherkhombenden Quattembergettln g. erhallten warden, wie es bey unsern frommen Vorelltern und allten Lehrmaistern seeligen ungeverlich biss in die hundert Jar hero im Brauch gewest, das man einem Teutschen Schuelhalter alhie von einem yedem Schuellkhindl, alls dess anfenkhlich im Grundtbiechel unnd Briefeln Puechstaben und Lesen gelernt, quattemberlich fünfzehen Kreutzer, dessgleichen dess ein Handtschrifft geschriben, fünf Patzen, und dess dreyerlei Handtschrifften als Fractur-, Canntzley- und claine Briefschrifften gelernt und den ganntzen Tag schreiben, ain halben Gulden, unnd letztlich, die rechnen lernen, ain Gulden sambt den clainen Zueständln[1]) gegeben haben, unns auch also ebenmässig (wie inen, und zur selben Zeit alle Ding wölffer gewest als yetzt

---

[1]) Die Münchener Schulmeisterordnung von 1564 bewilligt an Nebeneinnahmen von einem Kinde an fünf hohen Festen je 1 kr. „Ausstreichgeld" und dazu den Winter über 2 kr. für Holz nebst einer Inschlittkerze. Westenrieder, Beiträge V, 235.

ist) geraicht wurde und wir also bey disem Taxt unnser Leben lang verbleiben und khainer merer oder weniger darüber nit nemen, sonnder bey disem allten Herkhommen also verharren wolten. Das auch hinfüran khain Schuelhalter dem andern (wie bissherr beschehen) seine Schnellkhindter haimblicher weiss nit derfft abreden oder vil weniger zur angeender Quottember gar nit annemmen soll, er wiss dann zuvor woll, dass derselb Schnelhalter von desselbigen Khind's Elltern one Schaden ansszalt seye und ehe nit. Dessgleichen auch, wann ein Schnellkhindt oder merer ime zur Quottember an- und eingestanden seyen unnd irem Schnellhalter schon erbarlich auszzallt haben unnd nun ein vierzehen Tag oder drey Wochen in die Schuell schon ganngen sein und einem erst darnach in der Quottember ohne oder (ans) gar schlechte ursach widerumb aus der Schuell anssteen und nimer darein geen und einem anndern darüber einstellen: so sollen dieselben Elltern dem Schuelhalter nichts destweniger sein völlige Quottembergellt von irem Khinds wegen zegeben schuldig sein und khain Schuelkhindt seinem Schnelhalter ohne erhebliche Ursachen ans der Schuell nit austeen, sondern die gantz Quottember hinaus bey ime gar verbleiben und khainem anndern einsteen solle[1]). Dartzu auch das khain Schnelhalter alhie khains Burgers Kostkhindt haimblich nit annemen oder Schanckung von inen begern; wover er solches thet und darüber aius haimblich lernet und mit warer That auf ime erfunden wurde und solches nit von ime abschiesst oder uns zueweisst: so soll er durch unns Schuelhalter der Gebür nach darumben gestrafft und solches zum hechsten verwisen werden, und das derowegen E. f. D. als unser aller genedigister Herr und Lanndsfürst ans grossen Genaden unns dessbalben ein solche Tentsche Schnellordnung (wie obvermellt) anfrichten unnd bestätten liesse und yedem Schnelhalter eine verferttigt in sein Schnell mit G. zuegestellt wurde, damit sich ein yeder west darnach zurichten, vor Schaden zehieten und solche auch im Fahl der Noth allen denjhenigen Eltern (die uns solches nit glauben wolten) fürzuweisen hetten und uns solches aus grossen Genaden g. volgen und zuesteen lassen, yn Bedenncknng, dieweill wir so gar ein claine Narung, darztne auch durchaus gar nichts gefreidt oder Einkhomens nit haben, wie etwa die frembden Schuelhalter, so in E. f. D. umbligenden Stetten und Märckkten herumb wonendt, aintweders Holtz, Herberg, Traidt auch dartzue, oder man gebt einem jerlich ain genanntes Gellt darfür sambt iren Quattembergelltern, und haben dannocht von der Khinder Elltern zne Zeiten guette Verehrung dartxue, das wir alhie desswegen gar nichts haben, so vasst anch übersetzt und wir die Khinderlehr schon nahet ungeverlich biss in das acht Jar hero, ohn Ruhem zemelden, vleissig verricht und noch yeder Zeit zethnen gantz willig und herait seyen, auch von solcher diess Zeit hero (wie obsteet) merers nit als von E. f. D. wegen auf unser lengst beschehenes underthenigsts Suppliciern yeder Schuelhalter zwen Metzen Khorn empfangen und seithero nichts mer, dessen gegen E.

---

[2] Auch nach der erwähnten Münchener Schulmeisterordnung durfte man von einem Kinde, das vor Ausgang Quatembers aus der Schule genommen wurde, das ganze Quatembergeld fordern.

f. D. uns wir nochmals zum aller underthenigisten hochbedanchken thuen; wover es aber ye nit statt hete, unns doch sonnst aus grossen Genaden mit einem wenigen liebseeligen Getraidtl (was E. f. D. genedigister Will ist) jerlich zubegaben. Das auch hinfüran khain Teutscher Shhuelhalter über uns mer aufgenommen würde und uns also bey diser Anzal genedigclich verbleiben zelassen, damit wir uns armme Teütsche Schuelhalter alhie, die ye sonnst (wais Gott) khain aandere Hanndtierung oder Gewerb nit haben, allain was unser schlechte Schuelhalltung belangt, sambt Weib und Khindt noch lenger bey heyslichen Ehrn bleiben unnd also in Ehrn dabey hinbringen und erhallten kbönnen, auch also von E f. D. wegen ein wenig ein bessere Narung hetten und dieselben dessbalber nimer beschwären derfften. Solche grosse Genad etc. — E. f. D. unterthenigiste armme Teütsche Schuelhalter und Mitburger alhie Hanns Müller, Niclas Preninger, Helias Khain, Jacob Schmidt, Wolf Böckh, Wolf Föringer, Georg Pagkh, Hanns Omes und Hanns Khon daselbst.

Zum Verständniss der folgenden Aktenstücke mögen nachstehende Bemerkungen dienen.

Am 11. September 1643 erging an den Hauptmann und Pfleger zu Wasserburg ein landesherrlicher Befehl, worin demselben zunächst eine scharfe Rüge deshalb ertheilt wird, dass er dem am 7. September 1639 ihm gegebenen Auftrage, wonach er, ohne auf des Rentmeisters Umritt zu warten, dem geistlichen Rath berichten sollte, wie die lateinischen und deutschen Schulen in dem ihm anvertrauten District beschaffen seien, seither noch gar nicht nachgekommen. Es wird ihm deshalb ernstlichst anbefohlen, künftig über die Beschaffenheit jener Schulen, worauf er fleissige Aufsicht zu halten, zugleich mit dem Quartalbericht, den er über die Christenlehre an den geistlichen Rath einzusenden pflege, zu referiren und die in seinem District gelegenen Städte, Märkte und Hofmarksherrn anzuweisen, dass sie die Beschaffenheit der alda vorhandenen Schulen in ihren die Christenlehre betreffenden Quartalberichten darlegen. Und da der Kurfürst reiflich erwogen, dass die Kinder auf dem Lande, wo keine Schulen vorhanden, durch die von Pfarrern am Sonntage etwa ½ Stunde gehaltene Christenlehre in den einem katholischen Christenmenschen nothwendigen Glaubensartikeln nicht der Nothdurft nach unterwiesen werden können, weil sie es nicht gänzlich zu fassen und zu begreifen vermöen, wenn sie nicht auch in den Schulen den Katechismus lernen: so kommt es, weil es vornehmlich an der Besoldung der Schulmeister mangelt, auf Beschaffung von Mitteln für die Unterhaltung derselben in allen denjenigen stark bewohnten Dörfern an, wo sich keine Schulen, auch nicht in der Nähe, finden. Als das beste Mittel erscheint, dass diese Unkosten mit Vorwissen und Einwilligung der Ordinarien jedes Orts von den vermöglichen Gotteshäusern getragen werden, da es ja bei dem Werk auf Beförderung der Religion abgesehen ist. Daher soll der Adressat genaue Erkundigung einziehen, in was für Dörfern keine Schule, aber eine zahlreiche Jugend vorhanden, aus welchen benachbarten Dörfern etwa die Kinder eine zu errichtende Schule besuchen könnten und wie weit die Oerter von einander entlegen seien. Ebenso kommt in Betracht, wie viel ausser dem Schulgeld für die Unterhaltung eines Schulmeisters nöthig wäre, wie viel die Gotteshäuser an Geld, dessen sie selbst nicht bedürftig, hergeben könnten und zwar „almosensweise" auch die wohlhabenden Gotteshäuser jener Orte, an denen keine Schule errichtet zu werden braucht und aus denen auch keine Kinder die anderswo zu errichtende besuchen würden. Auch von den Hofmarksobrigkeiten, in deren District Schulen aufzurichten wären, sollen genaue Berichte eingefordert werden.

Von solchen Berichten, die in so manchen Beziehungen lehrreich sein würden, liegen uns nur die auf die Stadt Wasserburg bezüglichen vor. Das erste ist ein Bericht des Stadtmagistrats vom 17. December 1643, gerichtet an den Mautner Mayer, der um jene Zeit deputirter Pflegamtscommissär in Wasserburg war und am 11. September d. J. „die von der Stadt" um schleunige und umständliche Auskunft angegangen hatte. Von den durch die Schulmeister überreichten 3 Beilagen, auf die sich der Magistrat bezieht, liegt leider nur die eine nebst einem summarischen Extract vor. Gleichwohl erhalten wir schätzenswerthe Aufschlüsse über die Schulverhältnisse der Stadt.

So erfahren wir, dass damals in Wasserburg eine lateinische und 2 deutsche Schulen nebst einer eigenen Rechenschule bestanden. Die beiden deutschen Schulmeister sind auf das Quartalgeld und den Ertrag ihrer „Schreiberei" angewiesen; dem einen ist daneben die Stadtwage anvertraut, während der lateinische Schulmeister von der Stadt mit Brennholz versehen und für den Cantordienst noch besonders bezahlt wird. Für die armen Kinder wird das Schulgeld aus geistlichen Mitteln bestritten.

Aus dem Bericht des einen Lehrers ergibt sich, dass derselbe 23 Schulkinder, 11 Knaben und 12 Mädchen, hatte. Da nun, wie der „summarische Extract" constatirt, in den Jahren 1643 und 1644 von 344 Kindern 148 die lateinische und die deutschen Schulen besuchten, die zweite deutsche Schule aber schwerlich viel mehr Schüler als die erste hatte, so würden auf die lateinische Schule allein etwa 100 Kinder entfallen: eine Zahl, die nicht allein in Beziehung auf den geringen Besuch der deutschen Schulen, sondern auch mit Rücksicht auf die Menge der Kinder zwischen dem 5. und 13. Jahre überhaupt gross zu nennen ist. Wir haben Grund zu glauben, dass auch in der Folgezeit sich dieses Verhältniss nicht wesentlich geändert hat, eben so wenig, wie sich annehmen lässt, dass der Anlauf, den Maximilian I. im J. 1643 nahm, neue deutsche Schulen in's Leben gerufen habe. Erst unter Max Joseph III. wurde mit dem rechten Ernst die Reform des Volksschulwesens in Angriff genommen. Bis dahin erfreute sich nur die Christenlehre einer aufrichtigen Fürsorge von Seiten der Regierung.

Von besonderem Interesse ist es noch, in Wasserburg schon im 17. Jahrhundert eine Feiertagsschule für Erwachsene zu finden, die nichts mit der Christenlehre gemein hat, sondern als eine vereinzelte, nicht von Obrigkeitswegen hervorgerufene Vorläuferin jener Fortbildungsschulen anzusehen ist, die gegen Ende des vorigen Jahrhunderts vieler Orten in Anregung gebracht wurden. An diesem Unterricht betheiligen sich ausser dem Schulmeister zwei Scholaren, welche die lateinische Schule absolvirt haben und sich für den Lehrerberuf unter Führung des Meisters vorbereiten.

---

1. Der Magistrat von Wasserburg berichtet an den Pflegamts-Commissär über die Schulen der Stadt. 17. December 1562.

Edl vester... dessen Amtsschreiben vom 11. diss sambt beygeschlossner chf. Bevelchs-Abschrift, die Schuellen und anders betr., haben wür rechts empfangen und daraus sonderbar vernommen, wess gestalten craft gdst. ausgefertigter Generalien umbständig zu wissen begert würdet, wie die lateinisch und teutsche Schuellen albie zu Wasserburg

bewandt, obe mit tanglichen Schuellmaistern besezt, wievil Jugent in- und ausserhalb der Statt ermelte Schuellen und wessen Künder besuechen, auch jedes in lateinisch und teutscher Schuell quatemberlich Schnelgellt raiche, und wass ausser dem Schuellgelts den Schuellmaistern an Besoldung vor bestendtig noch weiter geraicht und wovons hergeschossen werdte etc. Hierauf berichten den Herrn Nachbarn wür hauptsächlichen sovil, dass sich albie in unser burgerlichen Jurisdiction ain lateinische und zwo teutsche Schuellen befündten, welliche unsers Erachtens mit zimblich taugsamben qualificirten Schnelhaltern, so guet mans der Orten gehaben kan, versehen, in massen sie auch dato, sovil uns vorkhommen und wür in unsern gewendlichen Visitationen erkundigen mögen, mit Instruirung der Jugent zur Gottesforcht und Andacht angelaitt und sonst guete Disciplin erhalten werde. Wievil nun aber ir jeder auss den Schnellmaistern der Zeit under seiner Zucht und Instruction Kinder habe, wie sie haissen, wem sie angehörig, wo sie in oder ausserhalb der Statt, und wievil jedes quatemberlich Schuellgelt raiche, auch wass sie in ain- und anderer Schnell zu lernen haben, und wie es sonst mit Innen gehalten werde, dass alles geben die von besagten Schnelmaistern überraichte Beylagen Nr. 1, 2 et 3 umbstendig zuersehen. Wass derselben Besoldung belangt, haben die Teutsche Schuellhalter Hanss Schmidthammer und Tobias Freynperger ausser des Schuelgelts anderst kain Salarium, allain wass sie mit irer Schreiberei ad partem ohne Versaumbnuss der Schnellen verdienen könnten ain ungespörte Hand; neben deme auch besagtem Freynperger die Stadt-Waag anvertraut ist. Der lateinische Schnelmaister aber Lorenz Heckhl wird wegen Verrichtung der Schuell von gemainer Statt mit Prennholz versehen; bei den Pfarrkürchen aber, alda er sich nit allain mit Singen, sondern auch mit Regierung des Chors muess gebrauchen lassen, von dem würdigen St. Jacobs Gotteshauses alda und gemainer Statt-Cammer absonderlich besoldet. So würdt die sonntagliche Künder- oder Christenlehr, warvon die Generalia gleichfals Aanregung thuen, durch den Herrn Pfarrern selbst jedesmals von Ostern biss auf Advent continuirt und gehalten, den Winter aber darumb eingestelt, allweilen selbige von den Kündern bey anhaltender Kälte wenig besuecht würde. In alweg aber ist den Schuelmaistern mit Ernst eingebunden, die Jugent zu Erlernung des Catechismi wochentlich zu gewissen Tägen anzehalten, und damit auch den armen Kündern, so das Schuelgelt nit zegeben haben, ir Armuth nit hiederlich an dem Schnelgeben, so würt für selbige das gewendlich Schnelgelt thails von der leblichen Priester-Bruderschafft, thails vom Reichen Allmuesen abgestatt und also der Jugent Wolfahrt sovil dissfals möglich beobacht. Welliches wür...
Datum den 17. Decemberis a. 1643.

des Herrn Nachbarn dienstwillige Bürgermaister und Rat
der chfl. Statt Wasserburg.

2. Rechenschaft des Schulmeisters Th. Freynperger über seine Dienstverrichtungen.

A. 1643 22. Juni jüngst beschechener Schuel-Visitation haben die Herrn Visitatores ernstlich anbefohlen, dass nit allain die Jugent in gueter Zucht und Unterweisung des Lesen und Schreibens etc. gehalten werde, sondern auch, das dieselbe beforderist uf die Ehr und Forcht Gottes gewohnet und erzogen werden. Wür, die Schuelhalter, sollen auch wie ander mal schrifftlich von uns geben, wievil jeglicher Schuelkinder habe, daneben auch kürzlich anzudeuten den algemainen seines thails Schuelbrauch.

So hab ich zu End underschriebner dieser Zeit 23 Schuelkinder, als 11 Knaben und 12 Megdlein, unter welchen allen seind ailfe, die den Catechismo in und auswendig zimlich wol lernen und künen; die andern seind noch gar neu ankommen als nemlich in den Namenbüechlen und Anfang des Lesen.

Anbelangent mainen allgemeinen Schulbrauch werden inen die Schriften des Tags zweymal ausgezaigt und 6 mal in ihren Lectionen behört, und das kan dieser Zeit sein, dieweil ihrer etwas wenig.

Alle Mitwoch und Freitag werden sie im Catechismo in- und auswendig exercirt und am Sambstag wie auch alle Feyrabent im h. Evangelio, sonst täglich Vormittag im Truck und Nachmittag in den Briefen.

Alle Montag oder Tag nach dem Feyrtag werden sie für die erste Lection gefragt, jedes insonderheit, ob es zur Bettstund komen, sein Mess gehört und aus der Bredig und Kinder- jez Christenlehr etwas gemerkt habe.

Wann sie aber in all vorberörten und gueten Dingen ungehorsamb oder saumbsaelig, träg, widerwertig, mit Geschwäz oder andern unrecht thuen erfunden worden, würd inen die Straff nach jedes Alter Arglüstigkait und Ansehen etc. puncto gesetzt, auch zur Gelegenheit verfahren. Die aber hergegen im Gueten, als mit Kirchengehen, Mess und Bredig hören, in Gehorsamb frue in Schul zugehn, mit Schreiben und Lernen mercklichen Fleiss haben, die haben ihrer Straffe ein Gnad und Erlinderung.

Zum Beschluss ist auch in meinem einfeltigen Schuelbrauch, das alle Tag umb halb acht Uhr den Kindern die tägliche Befelchung zu Gott sambt dem heylgin Vatter Unser und Englischen Gruess vorgebettet wird, und das sie nachbetten, umb 10 Uhr der Glaub und zehen Gebott und nach der Vesper widerumben Vatter Unser, Ave Maria sambt den 4 lezten Dingen des Menschen.

Im Uebrigen halte ich an Son- und Feyertagen für etliche Lehrbuben und erwachsene ledige Mannspersonen ain oder nach Gelegenheit zway Stunden Schuel, wobey meine zway Scholaren, die schon die lateinische Schuel absolvirt haben und Schuelmaister werden wollen, ich auch mit Fleiss darzue abrichte, mir gute Dienst thuen.

Thobias Freynperger, Wagmaister, Teutscher Schulhalter.

2. Summarischer Extract a. 1643 et 44, daraus zu ersehen, wievil sich in allem Kinder bey der Statt Wasserburg der Zeit befinden und wievil derselben in die Schuel gehen.

Der Kinder mit 5 bis 12 und 13 Jarn seindt alhie zu Wasserburg dermalen 344.
Auss diser Zall gehen in die lateinisch und teutsche Schuell . . . . . . 148.
Der Schuellen seindt 4, ain Lateinische und drey Teutsche (mit Inbegriff der Rechnungsschule).[1])

II. Zur Beurtheilung der Jesuiten-Schulen mit besonderer Rücksicht auf die sittliche und religiöse Erziehung.

In v. Sybel's histor. Zeitschrift Bd. 31 S. 389 ff. habe ich den Nachweis geliefert, dass die ausserordentlichen Mängel des jesuitischen Unterrichts, die nach einer weitverbreiteten Meinung erst in späterer Zeit zu Tage getreten sein sollen, von denkenden Mitgliedern des Ordens, in Oberdeutschland wenigstens, schon zu Anfang des 17. Jahrhunderts klar erkannt und freimüthig zur Sprache gebracht worden sind, nicht allein in einer Denkschrift des in Augsburg als Schulmann wirkenden P. Jacob Pontanus, die man früher in ihrer vollen Bedeutung kaum gewürdigt hat, sondern auch in verschiedenen von Jesuiten herrührenden Schriftstücken, welche das Archivconservatorium zu München aus den ersten Decennien des 17. Jahrhunderts bewahrt. Die in der historischen Zeitschrift in Auszügen mitgetheilten Documente rügen und beklagen vor allem die mechanische, blos das Gedächtniss, nicht die Urtheilskraft übende Weise des Unterrichts, das Ueberlasten der Schüler mit Scriptionen, die nicht corrigirt werden, mit Regeln, die nichts nützen, während es an einer fruchtbringenden Lectüre passender Autoren, sowie an tüchtigen und fleissigen Lehrern mangele. Weiterhin wird u. a. constatirt, dass das Griechische vollständig vernachlässigt, das Lateinreden nicht gehörig geübt, und dass die samstägigen Declamationen und die angeblich von Schülern herrührenden Gedichte meistentheils von den Lehrern verfasst werden.

---

[1]) Aus dem S. 162 Anm. 8 citirten Manuscript des k. Archivconservatoriums München.

Die Liste solcher Rügen und Klagen liesse sich leicht noch vermehren; denn der Mängel, deren Ursachen man freilich weniger in dem System, als in der Nachlässigkeit, den Schwächen und Fehlern der Lehrer erblickte, waren so viele, dass sie sich der Beobachtung nicht entziehen konnten.[1)]

Wir wollen uns hier auf die moralische Seite der jesuitischen Jugenderziehung beschränken. Auf sie hat der Orden von jeher bekanntlich das Hauptgewicht gelegt, und auch ausserhalb der Gesellschaft hat es bis heute nicht an Stimmen gefehlt, welche den Jesuiten nachrühmen, dass sie in ihren Schulen auf Zucht und Sitte mit eben so viel Nachdruck als Erfolg hielten. Nun führt aber das Studium der Acten des Ordens zu dem bemerkenswerthen Resultat, dass es schon in der Zeit der vollen Blüthe der Schulen nicht an Männern innerhalb der Gesellschaft fehlte, welche die sittlichen Früchte, die erzielt wurden, eben so unbefriedigend und beklagenswerth fanden, wie Andere die wissenschaftlichen Erfolge. Freilich machte man auch dafür nicht etwa das ganze

---

1) Folgende Zusammenstellung wird nicht ohne Interesse sein.

Defectus aliquot, in quos facile incidere solent scholarum Magistri nisi sibi ipsis attendant. 1. Ad certos discipulos esse nimis inordinate affectum. — 2. Visitationem Praefecti aegrum habere, eiusque monitiones et directiones difficilius admittere. — 3. Otiis et recreationibus nimium inhiare. — 4. Regulas, quae in ordine studiorum habentur, parvi facere, easque negligenter observare, ac illas praesertim, quae quantum temporis cuivis studio vel auctori tribuendum sit assignant. Idem dicendum de adiumentis studiorum, aliisque Superiorum monitis ad Scholas pertinentibus. — 5. Ita una re vel studio capi, ut reliquis cura vel tempus conveniens minime impendatur. V. g. unam fere poesin urgere et in Latino stilo discipulos assiduter exercere, Graecas vero literas contra studiorum praescriptum fere penitus negligere, qui error certe multo gravior est, quam plerique magistri existimant. — 6. Domi sua studia non consilio, sed caeco fere impetu moderari. Hinc fit, ut relictis necessariis bonas interdum horas terant in rebus curiosis, aut minus utilibus, adeoque ut ad explicandos ipsos Auctores Magister aliquando non satis paratus sit et in interpretandis Auctoribus parum promoveat; atque in uno alterove literarum genere ipsemet non multum perficiat. — 7. De profectu discipulorum sive in literis sive in probitate non satis esse solicitum, et ad Scholas non tanquam ad laborem serum, sed fere quasi ad se oblectandum accedere vel recreandum. — 8. Se suamque personam coram discipulis in constanti maturitate non tenere et regere, sed non raro eis animi levitatem per risum et subinde etiam suas passiones et imperfectiones ostendere, unde quod cunque dicit agitve, facile illis vile factum. Et sic disciplinae nervus laxatur. Certe negari non potest, una cum ipsa disciplina extitisse olim multo maiorem discipulorum reverentiam adversus Magistros. — 9. Aliquos discipulos, eos praesertim qui naturae donis minus ornati videntur, tantum non omnino negligere etc.

Ordenssystem, sondern wieder nur die Schwächen der Lehrer und die mangelhafte Seelsorge verantwortlich.

Es sei gestattet, aus einem undatirten Aktenstücke, das den ersten Decennien des 17. Jahrhunderts angehört und von einem ungenannten Jesuiten der oberdeutschen Provinz herrührt, folgende Stelle mitzutheilen.

Videtur major et vigilantior cura adhibenda esse a superioribus circa scholas et officia praeceptorum, praesertim quod ad mores attinet discipulorum et ad modum tractandi ipsos quem habent praeceptores. Discipuli in praeceptoribus observant frequenter inordinatas passiones praesertim iracundiae, nimium curam existimationis propriae, interdum etiam dissolutionem non levem in verbis et gestibus, spiritum tepidum. Ipsi discipuli quoad morum probitatem parum excoluntur sive a magistris sive a confessariis, ut apparet, cum tamen spirituali cultura molto magis indigeant, quam ulli alii;[1]) fiunt enim tum ex educatione conversationeque, tum ex ipsis etiam studiis literarum, vicuti ad alia multa sic etiam ad delinquendum aliis astutiores et doctiores; eiusmodi status vitae amplecti solent, in quibus plerumque est otium ac varia materia et occasio peccatorum. Dubium non est Institutum nostrum in instituenda iuventute non tantum id spectare, ut discipuli intruantur bonis literis, ut sic idonei homines reipublicae et ecclesiae suppetant ad quascunque functiones, sed aeque immo amplius id intendere, ut iidem discipuli per scholas nostras imbuantur probis moribus, quando quidem per illud sancta haec Institutio nostra tanto magis obesset quam prodesset bono publico, quanto possunt et solent nocentiores esse reipublicae mali, qui nobiles et potentes sunt, aliis qui obscuri sunt et imbecilles.

Es wird dann insbesondere gerügt, dass in einzelnen Gymnasien ein so üppiger Aufwand auch von solchen Schülern getrieben werde, deren Mittel gering seien, und dass nicht wenige Magister jene Thor-

---

1) Aber liess sich von Männern eine eifrige Seelsorge erwarten, die ihre Pflichten als Beichtväter so leichtfertig auffassten, wie ihnen in demselben Actenstück vorgeworfen wird? Es heisst nämlich zu Anfang desselben:

Quae videatur inounda ratio, ut nostri confessarii maiore cum fructu audiant confessiones externorum? Nam experientia constat, idque in pluribus locis, ex multorum confessionibus nullum aut perexiguum referri fructum. Nimium videmur laborare de numero confitentium, unde fit ut frequenter valde perfunctorie decurrantur confessiones etiam tales, quae indigerent diligentiore discussione et accuratiore cura de opportunis remediis et consiliis adhibendis. Saepe etiam confessarii plus aequo sunt solliciti, ne certos paenitentes amittant, unde necessaria libertate arguendi, increpandi, observandi etc. (haec enim omnia confessari opraestanda sunt suo tempore) uti non valent, creduntque salva esse omnia, dummodo suos confitentes conservent, etsi illi interim in pravis desideriis et affectibus ad peccandum competrescant. Sane praeterquam, quod hac ratione scopum nostrum h. e. salutem spiritualem praxi non consequimur, et bonum nomen et existimationem Societatis in periculum addicimus.

heit, die den Weg zu schlimmeren Dingen bilde, dadurch begünstigen, dass sie die reich geschmückten Knaben hoch halten, die andern aber als gering ansehen. Das ziehe der Gesellschaft die Nachrede zu, als beförderte sie die Ueppigkeit, und verschliesse manchen den Zugang zu den Schulen. In Mainz, Fulda und andern Collegien soll es hiermit, wie mit der Disciplin überhaupt, strenger gehalten werden, weshalb auch aus der oberdeutschen Provinz manche der Studien halber dorthin gesandt werden.

Während hier die Vorliebe der Magister für die Kleiderpracht ihrer Schüler gerügt wird, fehlt es nicht an Klagen, dass die jungen Mitglieder des Ordens selbst in ihren Kollegien der Verweichlichung anheimfallen. Diese Klagen drangen, wahrscheinlich von vielen Seiten, bis nach Rom und veranlassten schon 1611 den General Claudius de Aquaviva zu einer Epistola de Scholasticorum nostrorum moribus et defectibus (d. Rom 29. Januar), die in manchen Beziehungen lehrreich ist.

Indem der General den Verfall der Disciplin und insbesondere den Mangel an Strenge gegenüber den Scholaren tadelt, gibt er seiner Sorge wegen der schlimmen Folgen der Verweichlichung in folgenden Worten Ausdruck:

Jam vero ut paucis multa complectar, vereor certe plurimum, ne variis in rebus peccetur, neve recreationes a religione concessae pro moderata cura tuendae ad majorem Dei gloriam valetudinis ac virium corporis incipiant la plerisque fieri sensuales et impedimento esse internae mentis recollectioni, modestiae ac verecundiae, quae illam aetatem praecipue decet.

Aber welche Heilmittel werden dagegen vorgeschlagen?

Inprimis executionem praescriptarum ordinationum, quod unum instar multorum est.

Deinde ut magno studio rebus illis quae spiritum promoveant, incubatur, cuiusmodi sunt meditatio, oratio, lectio spiritualis, quam praefiniri oportet iis quibus opus fore indicarit spiritualium rerum praefectus, qui iuniores alloqui omnino saepius debebit, subindeque restaurandum curare quod sensim deperdit.

Tertio ne redditio rationis conscienstiae levis sit et perfunctoria. Ut autem ea recte procedat, superiores se amabiles praebeant, patienter et cum charitate suos audiant, secreti sint tenaces, nihilque omittant, quo putent subditos induci posse ad synceram sui manifestationem, quin eosdem quoque, si forte uspiam haererent, animent atque alliciant. Quarto sciant omnes valde perniciosum esse, si quis sibi persuadeat alienos defectus non debere aut posse manifestari, maxime ubi peccatum aut peccandi periculum apparet; quin etiam sola suspicio satis esse deberet conscientiis timoratis, ut ad Superiorum pro suo aliorumque bono recurrant, more parvulorum, qui, si quid horrificum eorum se aspectui subiiciat, protinus in sinum matrum confugiunt seseque abdunt. Enim vero meminerit Reverentia Vestra, quod in eiusmodi negotio post maturam deliberationem ac diligens studium multorum precipuorum theologorum definierit unanimis consensus Cogregationis 6° generalis: adeo ut non modo contrariam omnino sententiam vel opinionem, quae Fratres nostros a proposito fine retradare posset, eradicare oporteat, sed etiam diligentissime sit perquirendum, si qui forsitan aliud docerent aut consulerent. Grave nimis quippe malum foret religionem labefactari, nec remedium tamen adhiberi posse, propterea quod vitia erroresque reticeantur. —

Quinto loco notamus Spiritum nihil promoveri, aut communem caritatem, a privatis quorundam amicitiis aut familiaritatibus, quae licet ad nihil, quod dedeceat, progrediantur (quo tamen credibile est daemonem velle sensim pellicere), at religioni, ut ait Sanctus Basilius, vehementer nocent, idcirco eo studiosius tollendae ac mortificandae, quo magis intempestiva sectari colloquia videbuntur, iisque in locis, ut aliorum conspectum refugiant. Huc refertur ingressus in aliena cubicula sine facultate, modus denique agendi, qui plus prae se fert sensus ac naturae quam religiosae charitatis ac modestiae. Quin et alium tangere contra regulam non usque adeo negligendum, ut propterea et disciplinis et gravibus aliis reprehensionibus, ut fieri in societate consuevit, multare non oporteat, quos in ea re deliquisse contigerit. Ideoque monendi erunt fratres nostri, uti pariter superiores monere non vereantur, si quos secum huiusmodi familiaritates inire velle animadverterint. Mibi etiam displicet abusus nimium iam introductus, dandi videlicet atque accipiendi scripta, imagunculas, reliquiaria, et alia eius generis, quae per speciem devotionis aliud non efficiunt, quam ut concilientur amicitias. Cui certe rei ut remedium quaeratur, non modo reprehensiones erunt adhibendae, paenitentiaeque injungendae, si quando id sine licentia committatur, sed eiusmodi etiam licentia a Superioribus neganda, sicubi causa aut aedificationis, aut alioquin rationi congrua non apparebit, quae profecto in his casibus erit rarissima. Istud porro, quia iam serpit latius, eradicare R V. penitus connitetur: nam praeterquam, quod importuni sint iis in rebus corrogandis, quas postea dare possint, ex aliis praeterea circumstantiis videre est, tot inde oriri incommoda, ut eorum catalogus bene longus possit conscribi; sed ea satis perspecta habet R. V., nos vero non pauca eorum scimus exempla.[1]) Caeterum non possumus non inculcare summopore, tam-

---

[1]) Was für Exempel mögen diess gewesen sein? Aus Berichten, wie sie Hoffäus aus München schon gegen Ende des 16. Jahrhunderts liefern konnte, mochte der General von skandalösem Verkehr der Ordensglieder mit Frauen, der dort in schlimmer Weise um sich gegriffen, wissen: aber lassen die geheimen Zusammenkünfte, die Weise zu verkehren, qui plus prae se fert sensus ac naturae quam religiosae charitatis ac modestiae, die verbotenen Berührungen u. s. w., nicht vermuthen, dass sich hinter den „Privatfreundschaften" tiefe Unsittlichkeit verbarg? Eine lange Reihe von Jesuitenacten, die des k. bayr. Reichsarchiv bewahrt, handelt von dem schändlichen Laster, wodurch seit Lang's Schrift P. Marelles berüchtigt geworden ist. In einem Anhange zu den Amores Marelli registrirt K. H. v. Lang

quam rem magni momenti, exactam observationem § 2 ordinationis illius, quam a Patre Everardo praecessore nostro s. m. praescriptam habemus, circa usum librorum prohibitorum, ne quid in hac re negligentiae subrepat, et per causam purioris linguae latinae et vernaculae perdiscendae habeantur, legunturque libri elusmodi, quibus non modo intempescat aut etiam evanescat ille spiritus, quem variis alloquin pietatis exercitationibus favere atque augere contendimus, sed etiam religiosae mentis puritas labefactetur; quam certe infici, ut inquit Cassianus, vel ipsis cogitationibus vanis et otiosis, nedum impuris minime dubitandum est.

Wenn der General klagt, dass die Pflege des Körpers und der Gesundheit bei den Meisten anfange in Weichlichkeit und Ueppigkeit überzugehen, so drückte er sich gegenüber dem, was wir aus bester Quelle über das Leben und Treiben in dem Münchener Collegium zu Anfang des 17. Jahrhunderts wissen, sehr gelinde aus.[1]) Ob aber die Heilmittel, die er anbefiehlt, wirklich eine sittliche Hebung bewirken konnten? Steigerung der geistlichen Uebungen, strengere und klügere Beichtpflege, geschärfte Ueberwachung und Angeberei auch von Seite der Niedern gegen die Obern, Unterdrückung gefährlicher Lehren und Meinungen, ängstliche Verhütung vertrauter Beziehungen der Ordensglieder unter einander, sowie der Nahrung sinnlicher Neigungen und unreiner Gedanken durh verbotene Lectüre — dies alles war gewiss wenig geeignet, ächte Moralität zu befördern.

Wer noch ein offenes Auge und gesunden Sinn hatte, musste viel-

---

noch einige 80 Fälle, in denen ein oder mehrere Mitglieder des Ordens wegen derselben oder anderer Fleischessünden, die ruchbar geworden, in Untersuchung gezogen wurden, und fügt bei, dass diese nur die bemerkenswertheren aus einer Menge von Anklagen seien. Da es sich hier nun überall um Fälle handelt, die sich um die Mitte oder in der 2. Hälfte des 17. Jahrhunderts ereigneten, so wünschte ich festzustellen zu können, ob nicht auch früher schon ähnliche Anklagen aus Bayern bei den Obern eingelaufen seien. Zu dem Zweck wurde mir unter den durch die Natur der Sache gebotenen Vorbehalten eine Durchsicht der Originalakten gewährt. Aber angeekelt von dem Schmutz, der hier zum Vorschein kam, habe ich nur einen Theil der Papiere durchgelesen. Ich konnte mich dabei bald sowohl von der Wahrheit der Behauptung Lang's, dass er aus einer Menge von Fällen nur einige notirt habe, als auch davon überzeugen, dass von noch viel zahlreicheren Fällen gar keine Kunde auf uns gekommen, weil entweder keine Anzeige bei den Obern erfolgte oder die betreffenden Akten uns nicht erhalten sind. Daher folgt auch aus dem Umstande, dass keine Anklageacten aus dem Anfange des 17. Jahrhunderts uns vorliegen, selbstverständlich noch nicht, dass der General Aquaviva nicht schon zwingende Gründe hatte, in jeder Vertraulichkeit der Jesuitenzöglinge unter einander schwere sittliche Gefahren zu sehen.

1) S. meine Abhandlung in v. Sykel's histor. Zeitschrift Bd. 81, 403 Anmerk.

mehr erkennen, dass schon damals nur zu viel geschah, um durch Heuchelei die wahre Frömmigkeit zu ersetzen. Jetzt wurde man auf dem verderblichen Wege weiter und weiter gedrängt. Während ein verständiger Pädagog es beklagte, dass nicht blos zu Anfang der Schule, sondern bei jedem Glockenschlage mitten im Unterricht geboten wurde, dass die Schüler gewöhnt wurden, wenn sie etwas herzusagen hatten, zuvor das Zeichen des Kreuzes zu machen und laut den Namen Gottes anzurufen, und dass bei einer Disputation die Frage nach dem Rosenkranze allem andern voranging,[1]) erlangten Beten und Beichten, Rosenkranz, Skapulier und Amulette, Mariendienst und Bilderverehrung eine stets steigende Bedeutung in der religiösen Erziehung der den Jesuiten anvertrauten Jugend Da man den Verfall der Schulen aus dem Mangel an religiöser Begeisterung, wie sie einst den Orden ausgezeichnet und zum Unterricht der Jugend angefeuert habe, ableitete, so schien alles darauf anzukommen, jene schwärmerisch-religiöse Gesinnung wieder wachzurufen und der Jugend mit allen Mitteln einzuprägen. Die künstliche Pflege der Devotion ward so sehr Aufgabe der Schulen, dass sie der Mittelpunkt der Studien wurde.

Wie nachdrücklich und systematisch man von Rom aus darauf hinarbeitete, lernen wir unter anderm aus einem Schreiben des Generals Mutius Vitelleschi vom 12. März 1639 an den oberdeutschen Provinzial Wolfgang Gravenegger.

Non est dubium, quin juventutis proba institutio sit praecipuum inter adiumenta, quae divina providentia Societati concessit ad bonos mores in communem hominum ritum inducendos. Qui character et honoratum velut insigne tam proprium est nostrae familiae, ut non modo nos ab aliis religionibus separat, ac distinguat, verum etiam illustrem nominis famam et opinionem conciliet fere apud omnes Christianos Principes, qui ea causa non mediocri studio et benevolentia in ditiones suas nos evocarunt, idque non minori gloria Dei, quam nostri Ordinis incremento, accidisse videmus.

Jam laetus hic progressus, ut non vulgarem mihi semper animi consolationem attulit, ita me modo coniicit in timorem, ne labatur in pudendam et inertem securitatem, quae sensim sine sensu, malae testudinis instar, parta jam bona vitiet ac corrodat. Ego quidem pro certo habeo, si quando societas nostra a praeclara illa opinione excideret, quam tam multis in Provinciis et populis consecuta est, id non alia ratione eventurum, quam si

---

1) Vergl. d.e angeführte Abhandlung S. 893.

iisdem vestigiis possum est, quibus cum divina gratia ad eam pervenit existimationem, quam videmus.

Augetur vero mihi metus, quod nonnullae ad me querelae deferantur dicique audiam, nostrum hunc zelum animique ardorem in tenera aetate bonis moribus et doctrinis informanda in dies imminui; sive tempus id afferat, quod calorem omnem opprimit, nisi novo igne sustentetur; sive nonnullis praeter omnem rationem illa incidat cogitatio, opus illud esse nimis humile, leve et laboriosum; quod tamen nostri primi Patres tam praestantes Religiosa pietate, prudentia, et doctrina, non inferius quibuslibet aliis ministeriis duxerunt.

Es ist nun sehr bezeichnend, welche Heilmittel von dem General vorgeschlagen werden:

Atque imprimis, quoniam internus animi cultus veluti princeps rota esse debet, qua sacra haec machina movetur, omni studio promovendum est, ut scholae et seminaria adolescentum a confessoribus habent eos, qui optimi sunt exempli, et zelo sancto ferantur, easque dotes habeant a natura animique industriam, ut tenerae aetati excolendae bene et utiliter vacare possint, demittendo se religiosa patientia, et materna caritate, ad laudabile illud opus; sicut contenti non sint, quo semel in mense confessiones illorum excipiant, verum et saepius cum illis agant etc. etc. — Wenn Männer dieser Art gefunden, sollen sie hoch in Ehren gehalten und von jedem andern Dienst befreit werden, damit sie sich diesem einen widmen können.

2. Par diligentia adhibenda est in conservandis Congregationibus, et providendis adolescentibus, qui illis honori et utilitati esse possint, excitando in commune omnes, et promovendo devotionem quantum fieri poterit, ut primaeus vigor ille retineatur Congregationum, cum fuere velut purum et syncerae pietatis fermentum a Regina Virginum in massam aliorum adolescentum immissum, quo mirabilius illa temperabatur et crescebat in benedictiones infinitas. Et sine dubio non obscura esset illa fraus, vanitasque, si contempto praecipuo scholarum fundamento, cadere illas deinde atque abüci non sine dolore videremus. Quare commendo R. V. quanto possum affecto maximo coetus illos, et vehementer hortor, ut in officiorum distributione prima sit huius cura, et non cuilibet, qui forte postremus in ministeriis obeundis, et rejectaneus, committatur illud, sed omnium optimis, qui praeclare sustinere illud possint; adeo ut ista occupatio omnibus aliis, et, si necesse fuerit, studiis quoque ipsis anteponatur.

Dann soll freilich auch Sorge darauf verwendet werden, dass man gute Magister habe, und um diese zu bekommen, soll man auf ihre sorgfältige Heranbildung bedacht sein: aber immer bleibt die Erneuerung des religiösen Eifers und die Steigerung der Devotion die Hauptsache. Wohin man auf diesem Wege schliesslich gelangte, werden die nachfolgenden Mittheilungen aus der „Tag-Ordnung" eines „frommen" Studenten vom J. 1732 zeigen.

Die Handschrift Cod. Germ. 4506 der k. Staats-Bibliothek enthält auf 123 Octavblättern eine „Tag-Ordnung sambt deroselben weitläuffigeren Erclärung, woraus ein frommer und fleissiger Student zu genügen ersehen kan, was er nit allein Täglich Von Stund zu stundt zu thuen, sonder auch wie und auf was weiss er alle seine Geschäfft Gottselig und Nützlich zu verrichten hab". 1732. Der Verfasser hat sich nicht genannt; seine Arbeit aber war offenbar für den Druck bestimmt. Warum die Publication nicht erfolgte, würde man heute vergebens festzustellen suchen. Gewiss aber unterblieb sie nicht deshalb, weil etwa die Obern die hier vorgetragenen Anschauungen und Gesinnungen nicht getheilt hätten; denn der Geist, in welchem das Buch geschrieben, ist der ächte Geist des Ordens, soweit es auf die Grundsätze und die Methode der Erziehung ankommt, nur dass dieser Geist uns hier naiver als in andern Darstellungen entgegen tritt. Es scheint mir nicht unmöglich, dass gerade deshalb der Druck des wohlgemeinten Buchs nicht gewünscht wurde. Würde es doch den Gegnern des Ordens, welche, wenn auch damals noch nicht in Bayern, so doch in anderen katholischen Ländern den Kampf gegen das Unterrichtsmonopol der Jesuiten begannen, bequem gemacht worden sein, nachzuweisen, dass die Gesellschaft Jesu wohl Mönche, aber keine Männer zu bilden im Stande sei. Und welchen Nutzen hätte das Buch dem Orden bringen können? Der Verfasser will jenen ausserhalb des Collegiums wohnenden Schülern, welche des fast allgemein üblichen Privatpräceptors (Instructors) entbehren, und zugleich den Eltern und Kostherrn Anweisungen geben, die überflüssig erscheinen konnten, weil es Sache der Lehrer oder des Collegiums war, die Studien wie das religiöse und sittliche Verhalten auch der externen Schüler zu regeln. In sofern aber der Autor den Instructor überflüssig machen wollte und konnte, hielt man seine Intention wahrscheinlich für bedenklich. Denn wenn es die Aufgabe der Instructoren, die nur mit Zustimmung des Ordenspräfecten von den Eltern gewählt werden konnten, war, dass sie dem Zögling „immerdar vorschreiben, wann und wie er ein jedes Geschäft, die Frömmigkeit und das Studiren betreffend, vor die Hand nehmen müsse," so konnte der Zweck der steten Ueberwachung und der vollständigen Unterdrückung der Selbstständigkeit doch gewiss nicht mit derselben Sicherheit erreicht werden, wenn man dem Knaben

blos eine Tagesordnung in die Hand gab. Aber was die Schrift in den
Augen der Obern als ungeeignet zur Publikation erscheinen lassen mochte,
die überall zu Tage tretende Harmlosigkeit und Aufrichtigkeit des Ver-
fassers, verleiht ihr in unsern Augen besondern Werth. Ja ich meine,
es könnte kaum ein treuerer Spiegel jesuitischer Erziehung gefunden
werden, als er sich hier darbietet. Es ist namentlich die systematische
Unterdrückung jedes frischen Geistestriebes und ächter Religiosität, die
uns in erschreckender Weise entgegentritt. Wer nach dieser „Tagesordnung" lebte und ihr gemäss erzogen wurde, musste geistig und sittlich verkümmern und, wenn nicht ein Dummkopf und Heuchler zugleich,
so doch eins von beiden werden.

Ich theile nur Bruchstücke, diese aber ohne jegliche Aenderung,
mit. Auch die Orthographie ist beibehalten worden, nur nicht der regel-
lose Wechsel der grossen und kleinen Anfangsbuchstaben und die eben
so grundsatzlose Interpunction.

Vorred an den studiereaten Jüngling.

Du beklagest dich manicher Mahl, mein lieber Jüngling, wie das dein Studiren
so gar nit vonstatten gehen wolle, (da doch nach Meinung deiner bishero gehabte Pro-
fessorum und Praeceptorum dein Kopf oder Hirn so schwach nit seye); du seyest in der
Schuell immerdar einer auss denen Lezten; seyest woll auch schon ein- und andersmahl
zu End dess Jahrs gar nit oder mit harter Mühe aufgestigen, werdest dessentwegen von
deinen Condiscipulis verachtet; werdest in der Schuell offt gestraffet, müessest zu Hauss
immerdar hören, man wolle diech von Studiren hinweckh und zu einem Handtwerckh
thuen etc. Wass muess aber dessen die Ursach sein? Antwortt: die ganze Ursach ist,
weillen du in deinem Thuen und Lassen kein rechte Ordnung zu halten waist, oder keine
halten wilst. Dahero kommet dein Verdruss ab dem h. Gebett; dahero kommet dein
Ungehorsamb gegen deinen lieben Eltern, Lehrmaistern und andern Vorgesetzten;
dahero kommt dein so liederliches Studiren (wan es anderst den Namen des Stu-
direns verdienet); dahero kommet mit einem Wort dein schlechter Forthgang: und nit
dahero, wie du offt deinen lieben Eltern, Costleithen und Anderen fälschlich vorgibest,
du geltest nichts in der Schuell bey deinem Professor, weillen du von anderen deinen
Schuellgesellen auss Neid bey ihm seyest verschwätzet worden, oder weil du arrm seyest,
dahero ziehe er die Andern vor, rechne dir in Corrigirung der Argumenter deine Fäller
weit strenger alss andern etc., oder die Ursach deines so schlechten Forthkhommens in
Studiren seye, weillen der Herr Praeceptor, so dir zuegeben worden, selbst nit wisse,

die Argumenter recht zu corrigieren und die Lectiones zu explicieren, da entgegen die Andern, so dir in dem Studieren vorgehen, weith bessere Praeceptores haben, oder weillen du gar keinen Praeceptorem nit habest und dir desseutwegen nit zubelffen wissest etc.

Für alle dise deine ungegründte Ausreden siehe da ein kräfftiges Mittel, naemblich die folgende Tagordnung, in welcher nit allein Anfangs finden würst, wass du sowohl an denen ganzen Schuelltägen, Feyerabenten, Son- und Feyrtägen, alss auch an denen Vacanztägen alle Stund dess ganzen Tags hindurch thuen sollest, sonder auch hernach in der weithläufigeren Erklerung sehen kanst, wie ein jedes Werck, so dir in der Tagordnung fürgeschriben worden, recht zuverrichten seye.

Wan du dan dise Tagordnung sambt deroselben weithleuffigeren Erkhlerungen alle Monnath einmahl aufmerkhsamb durchlesen (wie dir in der Schlussred § 32 ist vorgeschriben worden), ja nit allein durchlesen, sondern auch fleissig halten wirst, so würdt dich keiner aus deinen Schuellgesellen bey dem Professor verklagen, weillen er an dir kein verklagenswürdige Ursach leichtlich finden wirdt: und sollte dises dannoch geschehen, würd gedachter Professor baldt verspüeren, das dises nur auss Neid wegen deines Wollverhaltens herkhomme,[1]) und würd bey ihme der falsche Anklåger ehenter alss du einbüessen. Ja soltest du ein noch so armer Knab sein, so würd er dannoch in Ansechung deines Wollverhaltens dir die alle Liebe erzeigen, dir auch mit Rath und That an die Handt geben, damit du deine ehrliche Underhaltung bekhommen und in deiner Frombkheit und Fleiss noch ferner fortfahren mögest. Den Herrn Praeceptorem betreffent, wan diser dir von dem P. Praefect Gymnasii (alss welchen allein zuestehet solchen zubestellen) ist geben worden, hast du kein Ursach zukhlagen, alss ob solcher nit gnnegsamme Wissenschafft habe, dir deine Argumenta zu corrigieren, oder die Lectiones zu explicieren etc., massen dir solcher nit wäre zugeaignet worden, wan mann nit vor gewusst hette, das dessen Wissenschaft dich zu instruieren erkhleckhte. Soltest du aber wider alles Verhoffen das Widerspill erfahren, so ist dir nit verbotten, gedachten P. Praefecto ein solches anzudeiten, welcher alsdann wissen würdt, dir mit Verenderung dess Herrn Praeceptoris zubelffen.

Ja sogar, wan du dise Vorgeschribne Tagordnung recht und auf das Någele halten würst, so kan sye alleinig dir anstatt eines Praeceptoris dienen, und ist gar nit vonnöthen, das du deine liebe Eltern in neue Uncossten, so auf den Praeceptor zuwendten seindt, bringest, sonderbahr wan etwan dise ohne dem mit yberflüssigen Reichthummen nit versehen seint.

Dan, was ist die mehriste Ursach, warumben mann einem studierenten Knaben einen Haus- oder Stundt-Praeceptorem halten soll? Villeicht das diser ihme die Argumenter corrigieren soll? Dises kan und soll die Haubt-Ursach nit sein; dan alle Argumenter, die man auch zu Hauss machet, werden in der Schuell von dem Professore

---

1) Man bemerke, wie oft der Angeberei durch Mitschüler gedacht wird.

fleissigist corrigiert und alle Lectiones werden ihme in gleicher Weiss in der Schuell expliciert; ja manniches mahl schadet dem Knaben, das er einen Praecentorem hat, weillen er darumben die Argumenter yber Hauss nur schlanderisch dahin mehrer sudlet alss machet, oder in der Schuell bey Explicierung deren Lectionum nit aufmerckhet und underdessen die zeit nur mit dändlen oder schwäzen verzehret, gedenckhent, der Herr Praeceptor würdt mir das Argument schon corrigieren, mithin bringe ich dannoch ein guettes Argument mit mir in die Schuell, wan ich schon nit vill Fleiss in Composirung darauf wende, oder der Herr Praeceptor muess mir die Lectiones zu Hauss schon wider explicieren, ist also nit vonnothen, das ich in der Schuell vill darauf mörckhe etc.: sondern die vornembste Ursach ist, das manichem Jüngling ein Praeceptor bestellet würdt, weillen der Knab nit waiss, wie er die Zeit zu Hauss recht nutzlich zuebringen und wass er von einer bis zu der andern Stundt thuen solle, oder wie und auf wass Weiss er dises oder Jennes zu verrichten habe. Darumben wird ihme ein Herr Praeceptor zuegegeben, welcher ihme immerdar vorschreibe, wan und wie er ein jedes Gescheft, die Frombkheit und das Studieren betreffend, vor die Hand nemmen müesse.

Nun aber so zeigt dir die gegenwertige Tagordtnung sonnenclar alles und jedes, was du den ganzen Tag hindurch, es seye gleich ein Studier-, Vacanz-, Son- oder Feyrtag, von Stundt zu Stundt zu verrichten habest, ja nit allein wass, sonder auch wie und auf wass Weiss du ein jedes Werckh anfangen und vollenten sollest; kanst also deinen lieben Eltern ein zimbliches ersparren, wan du diser Tagordtnung alss einem sorgfältigen Praeceptori, der deinen lieben Eltern das gantze Jahr hin keinen Heller kostet, fleissig folgen und nachkhommen wirst.

Zum Beschluss diser Vorred hab ich dich, lieber Jüngling, erinnern wollen, das du nit vermeinen sollest, weillen in diser ganzen Tagordtnung, was dass h. Gebett anbelanget, allzeit die Leges Marianae citiert worden, du müessest all dein Gebett aus disen allein und auss keinen anderen Bett-Biechlein verrichten, da du doch solche nit bey Handen habest, oder du etwan in der ersten Schuell dich befindest, mithin die lateinische Leges der Sodalium und die darinen enthaltne Gebetter zuegeniessen nit verstehest. Lasse dich deroselben Abgang nichts bekümmmern, sondern gebrauche dich under dessen eines jeden andern Bettbüechleins, so dir zu deiner Andacht verhillflich zusein geduncket. Bette in disem, studier beynebens und halte alles fleissig, was dir dise Tagordtnung vorschreibet, so würdt auss dir mit der Zeit ein so frommer und zugleich gelehrter Man werdten, welcher durch seine Tugent und Geschickhlichkheit sich und vill andere eintwedern in einen geistlichen oder weltlichen Standt zur ewigen Glöckseeligkheit befördern würdt. Vale.

Tag-Ordnung eines frommen und fleissigen Studentens.

An denen Tägen, an welchen man Vor- und Nachmittag in die Schuell gehet.

Morgens umb 5 Uhr würdt er aufgeweckhet, stehet alsdann ohne Verzug auf, kleidet sich ehrbarlich an, waschet die Hend und das Augesicht und kämpplet die Haar, doch also, das alles dises in einer Viertlstundt gewiss vollzogen werde. Wass aber bey disem anfweckben, anfstehen und ankhleiden zu beobachten seye, würdt hernach in der weithlänffigeren Erclärung § 1 und 2 mit mehrerm beschriben werdten.

Ein Viertl nach 5 Uhr fangt er sein Morgen-Gebett andechtig an zu verrichten. Dises solle dauern beyleuffig ein Viertlstund. Wie und wass er aber zu Morgens betten solle, sehe er in der weithleuffigen Erclärung § 3.

Umb halbe 6 Uhr fangt er an zu studieren, bis umb halbe 7 Uhr. Wie er aber dise und andere Studierstundten den ganzen Tag hindurch anwenden solle, würdt erclärt § 4.

Umb halbe 7 Uhr, damit der Gesundheit gepflogen werde, soll ihme ein Wasser-, Fleisch- oder Pren-Suppen oder ein Muess gegeben werden, nicht aber Thee oder Cavé und Zuckherwerch, item auch kein Milch-Suppen, massen dise Sachen nach verstendiger Leithen Mainung der Jugent an der Gesundheit mehrer Schaden alss Nuzen bringen. Ein mehrers von der Morgen-Suppen seche er § 5.

Nach empfangener Morgen-Suppen, welche innerhalb einer kleinen halben Viertlstundt soll eingenommen sein, richtet er geschwindt zusammen alle seine Büecher, vergisset auch nit Dinten und Feder, wie auch den h. Rosencrantz und Bettbüechlein sambt allen dem, was er sowohl bey Anhörung der h. Mess, alss in der Schuell würd vonnethen haben, mit sich zunehmen. Alsdan noch vor 3 Viertl auf 7 Uhr gehet er in Begleittung dess Herrn Praeceptoris (wan er einen conditionierten Hausspraeceptorem hat) von Hauss, damit er gleich umb 3 Viertl in dem Gymnasio seye. Wie er sich aber bei dem Ausgehen von Hauss und auf dem Schuellweg zu verhalten habe, besehe er § 6. — Item wie er sich vor 3 Viertl auf 7 Uhr in der Schuell zuverhalten habe, sehe er § 7. — Wasser von 7 Uhr bis halber 8 Uhr bey Anhörung der h. Mess und anderen Gottesdiensten zubeobachten habe, seche er § 8. — Wie er sich von halber 8 Uhr biss 10 Uhr in der Schuell verhalten solle, seche er § 9.

Umb 10 Uhr besuecht er andächtig das Venerabile und gehet den geraden Weg allein oder in Begleittung seines Herrn Praeceptoris (wan ihme einer zuegeben ist) wider richtig nach Hauss.

Wan er nach Hauss khommet, soll er nicht der Tischladen oder der Kuchel zuelauffen, umb etwass znessen zubekhommen, sondern er solle bis 11 Uhr studieren, wie in der Fruehe § 4 gemeldet worden.

Umb 11 Uhr soll Mittagessen eingenommen werden. Wie er sich bey disem zuverhalten habe, seche er § 10.

Um halbe 12 Uhr bis 12 Uhr würdt ein ehrliche Recreation zuegelassen; wie solche anzustellen, besehe er § 11.

Umb 12 Uhr, nachdem er den englischen Gruess mit aufgereckhten Händen kniet oder stehendt, wie die Zeit erfordert, andächtig verrichtet hat, studiert er wider auf 1 Uhr.

Umb 1 Uhr, wan es ihn dürstet, kan er trinkhen und ein wenig Brodt darzue essen, richtet aber zuvor seine Büecher und alles was er zur Schuell vonnethen hatte, zusammen; alsdann gehet er 1 halb Viertlstund nach 1 Uhr in Begleittung dess Herrn Praeceptoris von Hauss, verhaltet sich auf dem Weeg, wie allzeit, ehrbarlich, besuechet dass Venerabile und verfiegt sich also zu der Schuell, dass er bey dem ersten Zeichen oder nit lang hernach in der Schuell seye.

Wie er sich Nachmittag in der Schuell zu verhalten habe, ist schon bey der vormittägigen Schuell und § 9 angedeithet worden.

Umb 4 Uhr gehet er mehrmahlen zichtig auss der Schuell und nach Hauss, wie Vormittag vermeldet worden.

Wan er umb 4 Uhr nach Hauss kommet, kan ihme ein Stickhl Brod¹ zuessen oder sonst etwass nach Verlaub der lieben Eltern zugeniessen, auch ein wenig zutrinckhen zuegelassen werden, doch also dass er 1 Viertl nach 4 Uhr wider bey seinem Studiertisch sich einfinde und studiere, welches Studieren an einander biss 6 Uhr soll fortgesetzt werden, es wäre dan Sach, dass Winthersaeit wegen Besuechung eines wunderthättigen Mueltergottes-Bildt gemeltes Studieren in etwas müeste underbrochen werden, wie § 12 zusehen.

Umb 6 Uhr soll er gemäss der Tagordtnung sein Nachtessen einnehmen.

Nach dem Nachtessen folgt mehrmahlen biss auf 7 Uhr, nemblich eine halbe Stundtlang, die gewöhnliche Recreation.

Von 7 bis halbe 8 Uhr ist mehrmahlen die Studierzeit.

Umb halbe 8 Uhr machet er sein Examen und verrichtet das Nachtgebett. Wie aber das Examen zumachen und dass Nachtgebett zuverrichten seye, seche er § 13.

Umb 3 Viertl auf 8 Uhr kleidet er sich ehrbarlich auss und gehet in Gotes Namen also schlaffen, das er umb 8 Uhr (es sey Sommer oder Winther) gewiss in der Ruhe seye. Von Ausskleiden und Schlaffengehen besehe er § 14.

In villen catholischen Häusern pflegt man zu Abents ein gewisss Gebett zu verrichten; wass ein Student darbey zuthun habe, seche er § 15.

§ 3.
Von dem Morgengebett.

Nachdem alles dises geschechen, kniet er, oder wan mehrer vorhanden, sye sammentlich, vor ihrem Altärlein oder vor einem andächtigen Bild nider, fangen das Morgengebett mit lauter Stimb an zubetten, aber nit zu yberhudlen, sondern alles deutlich auszusprechen. Dises finden sye in denen Legibus Marianis, wan sye in Indice suechen werden preces matutinae bis auf das Angelus Domini etc.

Nach disem betten sye auch das Angelus Domini oder der Engel des Herrn, weillen das Zeichen zum Ave Maria schon in der Frühe ist geleuthet worden, alwo sye noch in der Ruhe gelegen.

Alsdann betten sye Formulam votivam S. Maria Mater Dei et Virgo, und letzlichen auch das gar nutzlich und hochschätzente Exercitium Spirituale Babstens Alexandri des Sibenten, welches sye in obgemeldten legibus Marianis finden werdten gegen dem Ende, dessen Anfang ist Adoro te Sanctissima Trinitas etc.

§ 4.

... So offt ein Studierzeit anfanget, soll er zuvor niderknien, wie er in der Schuell zuthuen pfleget, ehe er das Argument zumachen anfangt, soll mit aufgeregten Händten die Gnad dess h. Geistes anrueffen, etwan durch jenes Gebett, so in denen legibus Marianis vorgeschriben ist, suecho in denselben preces ante studia, welches anfangt: Deus in adjutorium meum. Zu disem Endte soll er dises kurze Gebett auswendig lehrnen. Wan ein Argument yber Hauss angeben worden, soll dises vor allen Dingen recht fleissig componiert werden.[1] ...

So offt er ein Studierzeit vollendet, soll er wiederumb, wie zu Anfang geschehen, niderknien und mehrmahlen mit aufgereckhten Händen Gott danksagen umb das, was er erlehrnt, etwan mit einem andächtigen Vatter Unser und Ave Maria oder durch jenes kurze Gebettlein, welches er in seinen Legibus Marianis finden würdt, so also anfangt: Suscipe Clementissime Deus etc., sueche er in demselben Preces post Studia, welches Gebett er auch zu disem Ende kbündte auswendig lehrnen.

§ 6.

Von Ausgehen zur Schuell oder zur Kürchen, und wie er sich dissmahl und allezeit auf dem Weg zu verhalten habe.

.... Ehe er aus dem Haus gehet, soll er sich mit dem h. Weyhwasser besprengen und das h. Creutz machen, und dises soll er allzeit von Morgens bis Abents fleissig in Acht nemmen, das er niemahl aus oder in ein Zimmer gehe, wo er nit allzeit das h. Weyhwasser brauche und darbey das h. Creutz fleissig mache; dahero wan das Studierzimmer 2 Thüren hat, wäre gar guett, wan bey einer jeden Thür ein mit geweyhtem Wasser versehenes Geschörlein hangete, damit diser h. und hochnutzliche Gebrauch niemahlen unterwegen bleibete.

... So offt er von Hauss auss yber die Gassen gehet, es seye gleich zur Schuell, Kürchen oder anderst wohin, so soll er auf der Gassen allzeit zichtig daher gehen, nit zu langsamb, nit zu geschwindt; soll seine Augen inen halten und nit aller Ohrten herumb gaffen; soll den Mantel nit umb das Maul schlagen, soll nit stil stehen bleiben oder

---

[1] Der Verfasser unterlässt nicht, für den Präceptor zu bemerken, dass er, wenn er in einem in der Schule gemachten Argument Fehler entdeckt, dem Schüler diese nicht mit seinen Worten, sondern mit der Regel zeigen soll.

Ständerlin machen, soll auf der Gassen niemahlen etwass essen, soll mit andern nit lachen, schreyen oder zanckben, sondern wan Jemandt mit ihme gehet, darff er zwar reden, aber nit zu lauth; soll den geraden Weeg fortbgeben und nit unnöthige Umbschweiff machen; soll die ihme begegnente Persohnen nit fürwizig ansehen oder sich zu einem jedtwederen Cammeraden, der ihme auf der Gassen begegnet, gesellen. Wan ihme ein Geistlicher oder ein Herr oder Frau, so etwas Fürnehmers ist, entgegen kommet, soll er den Huet abziechen schon bey Zeiten, und wan es die Würdigkheit diser Persohnen erfordert, au voryrbergehen sich auch naigen. Er soll auch den Huet abthuen gegen jenen Studenten, so in einer höcheren Schuell seint alss er ist, und wan ein anderer für ihne den Huet abziehet, soll er auch disem eine gleiche Höfflichkheit erzeigen.

Er soll niemahlen in das Gymnasium oder Collegium gehen, er habe dan zuvor dass Venerabile in einer Kürchen, wo es aufgebalten würdt, andächtig besuecht; aber dises soll er auch thuen, wan und so offt er auss dem Gymnasio oder Collegio zurückh kommet. Bei Besuechung dess Venerabilis soll er allezeit ein andächtiges Vatter Unser und Ave Maria, oder wass ihn sonsten sein Andacht ermahnet, betten, soll allezeit bey Ein- und Ausgehen in die Kürchen ein tieffe Reverentz vor dem Venerabile mit dem rechten Knie biss auf die Erden machen....

§ 12.

Von Besuechung der Mutter Gottes zu Abent.

Fromme Studenten pflegen alle Tag das ganze Jahr hindurch zu Abent die Muetter Gottes in einer nit weith von ihrer Behausung entlegenen Kürchen oder Capellen andächtig zu besuechen. Sommerszeit, wan der Tag lang ist und ein dergleichen Kürchen nach dem Nachtessen noch offen stehet, kan dise Besuechung am fieglichsten zur Zeit und anstatt der Recreation geschehen, wie schon oben am vorhergehenten § ist gemeldet worden.

Winthers zeit aber, wan die Zeit dess Tags kurz und die Gottshäuser fruebezeitig geschlossen werden, kan dise Besuechung einer Kürchen vor dem Nachtessen und auch unter der Studierzeit geschiechen, nemblich, wan es anfangen will dunckbl zuwerdten, und man ohne dem zum Studieren nit recht genueg mehr sehen kan, beynebens aber noch zue frühe ist ein Liecht anzuzinden. Doch solle dise Andacht also angestellet werden, dass man am Hin- und Zuruckhgehen sich nit aufhalte, in der Kürchen selbsten etwan nur ein halbe Viertl Stundt sich aufhalte und also bey dem Gebettleuthen wider zu Hauss seye.

Solle aber das Zeichen zum Ave Maria gegeben worden, da er noch am Heimbgehen wäre, soll er (ja so offt man bettleuthet und er auf der Gassen oder auf dem Feldt ist) auch auf der Gassen niderknien, seine Händ aufheben und das gewöhnliche Gebett Angelus Domini offentlich und andächtig verrichten.

§ 14.
Von dem Auskhleiden und Schlaffengehen.

Nach dem Examen Conscientiae sammt dem Nachgebett, worauf nach § 13 eine Viertlstunde zuverwenden, besprengt er sich und sein Bett mit dem h. Weyhwasser und ziehet sich hinter dem Vorhange still aus.

.... Sobaldt er sich also niderlegt, schreibt er mit dem Daumen an die Stirn dise 4 Buechstaben: J. N. R. J., so ja bedeiten Jesus Nazarenus Rex Judaeorum. Item so kan er auch auf gleiche Weiss an sein Stirn schreiben die h. Nam̈men Maria Joseph. Alsdan hänget er einen Rosenkrantz, den er allzeit nebst einem Crucifix-Bildt zu disem Ende in seinem Böthlein solle ligent haben, an den Hals, der Mutter Gottes zu Ehren, und lezlichen nimbt er das Crucifix, küsset die h. 5 Wunden, behaltet dises in die Hand, schlagt beede Arm creutzweiss auf der Brust yber einander und schlaffet also mit gueten Gedanckhen ein.

Wan er aber nit gleich einschlaffen kundte, soll er die Zeit nit mit unnützen und eitlen Gedanckhen verzehren, sonder soll etwas betten für armme Seelen in dem Fegfeur oder solle betrachten etwan von dem Todt und lezten Gericht oder lezten Sterbstündlein von der Höll....

.... Vil veniger soll er noch etwas zu andern reden, wan er einmahl in seinem Böthlein liget, massen ein solches Geschwätz alle guete Gedanckhen vertreiben und dem bösen Feindt, welcher nichts anders suechet, ein grosse Freud machen wurdte; dahero der Praeceptor gleichwie den ganzen Tag hindurch also auch und sonderbar zu diser Zeit auf das Stillschweigen wohl Achtung geben und die Ybertretter desselben exemplarisch abstraffen soll....

§ 16.
Wie sich ein frommer Student an denen Sambstägen und Feyrabenten bey den geistlichen Reden zu verhalten habe.

.... Man pflegt auch in denen Schuellen, sonderbar an dem Freytag, bisweillen nachzusehen, ob alle einen h. Rosenkrantz und Bettbüechlein bei sich und sonderbar ein Agnus Dei an dem Halss haben. Da soll sich ein frommer Student nit vergniegen, wan er etwan ein Scapulier, ein S. Francisci- oder Monicae-Gürtl oder S. Michaelis-Ablasspfenning etc. aufzuweisen hat; dan obwohlen dergleichen bey sich zutragen löblich und recht ist, so machen doch alle dise h. Sachen kein Agnus Dei aus, alss welches in einem von Ihro Bäbstlichen Heiligkeit geweichten Wax bestehet, und umb dises soll ihme ein frommer Student fleissig umbsechen, solches bestendtig bei Tag und Nacht an dem Halss, auf der Brust, nit aber wie den Degen, an der Seitben hangent tragen, wan er anderst von unzahlbaren Leibs- und der Seelen Gefahren will befreyet sein.

§ 17.
Wie ein frommer Student an den Sambstägen und Feyrabenten bey der gewöhnlichen Litaney sich zuverhalten habe.

Nachdem an Sambstägen und Feyrabenten die Schuell vollendet ist, pflegt man denen Studenten ein besondere Litanei auf den Saal oder in der Kürchen zusingen. Bey diser soll ein frommer Student in allen sich ehrbarlich zu verhalten wissen, wie schon in der Frühe bey Anhörung der h. Mess ist vorgeschriben worden.

§ 18.
Von der Beicht,
was ihme einer frommer Student für einen Beicht-Vatter erwählen soll.

Erstlich soll ein Jüngling, der in einem Gymnasio Societatis Jesu studiert, keinen andern Beichtvatter haben, alss einen auss der gemelten Societet Jesu; dahero jene studierente Knaben sich billich verdächtig machen, so ohne Noth bey andern Beichtvättern herumb lauffen, da sye doch Gelegenheit genuegsamb hetten, ihren vorgeschribenen Beichtvättern zubeichten.

Unter disen seint billich zuzehlen diejenige, welche, wan etwan ein Monath-Beicht in dem Gymnasio angesagt wirdt, zuvor die schwere Sünden anderwertig beichten, hernach gleichwohl mit einer oder andern lässlichen Sünd sich bey ihrem verordneten Beichtvatter einstellen, umb den Beichtzell anzuwerdten und der Straff zu entgehen; massen solche durch disen Betrug genuegsamb an Tag geben, dass sye etwas gesündtiget, so sye ihrem vorgeschribenen Beichtvatter zu entdeckhen nit getrauen

Freylich ist es besser bei einem unbekhanten Beichtvatter seine Sünden redlich und offenherzig beichten, alss bey einem bekhanten auss Schamhafftigkeit ein gottsrauberische und falsche Beicht ablegen; wan aber der Jüngling sich ernstlich zubessern begehrt, darf er sich nit scheuchen, auch ein schwerers Sindt, in welche er etwan auss Verführung oder auss menschlicher Schwachheit gefallen, seinem ordinari Beichtvatter zu entdöckhen, alss welcher wissen würdt mit ihme ein vätterliches Mitleiden zutragen und ihn alss ein irrentes Schäfflein widerumb auf den rechten Weeg zubringen und darauf zuerhalten.

Wan aber das Beichtkhindt sein schwere Burd iezt bey disem, iezt bey ienem unbekhanten Beichtvatter ablegt, ist es ein Zeichen, das er sich niemahlen ernstlich bessern wolle; mithin begibt er sich in die grosse Gefahr alss ein consuetudinarius oder gewohnter Sünder lautter ungültige Beichten zubegehen und gottsrauberischer Weiss zubeichten. Und auss diser Ursach soll ein studierenter Jüngling auch in jener Kürchen, in welcher alle Beichtvätter auss der Gesellschaft Jesu seint, nit von einem zu dem andern geben, sonder solle, soviel möglich, bey einem verbleiben, es wäre dan Sach, das diser sein ordinari Beichtvatter denselben Tag auss Verhinderung nit zu Beicht sizete und der Knab eintwedere auss Schuldigkeit oder auss Andacht bey einem andern beichten solte.

Dahero auch jenne studierente Jüngling nit zuloben, welche, wan sye ihren ordinari Beichtvatter nit antreffen, eben darumb die Beicht und h. Communion, mithin auch etwan einen h. Seelen-Ablass lieber gar unterlassen, als bey einem andern beichten wollen.

So ist auch einem Knaben nicht verbotten, wan er noch keinen gewissen Beichtvatter hat, weillen er villeicht erst in das Gymnasium khommen oder sein voriger Beichtvatter abgeraist ist, anfänglich 2 oder 3 Beichtvatter zu probiren und alsdan bey demjenigen zu verbleiben, welcher ihme am tauglichisten zusein gedenckhen würdt, etwan bey jenem, welcher gemainglich sonderbar zu Abents nach der Litanei in dem Beichtstuell anzutreffen und nit offt Ambt- oder Geschäfft halber darvon verhindert ist, welcher auch dem Knaben nach erzelten seinen Sünden ein guette Ermahnung zugeben pflegt, V. G. zum schuldtigen Gehorsamb gegen den Eltern und andern Vorgesezten, zum fleissigen Studieren und h. Gebett etc. ermahnet, item welcher fleissig den Beichtzetl dem Professori yberlifferet und mit einem Wortt, zu welchem der Knab ein recht kindliches Vertrauen hat; dahero er sich weeder von denen Eltern noch von iemandt Andern solle bereden lassen, demjenigen zubeichten, zu welchem er kein Vertrauen hat, mithin zubesorgen wäre, er möchte sich etwan scheuchen redlich und offentlich oder offenherzig zubeichten; dessentwegen auch weeder der P. Praefect noch die Patres Praesides Congregationum oder die Professores Scholarum ihre untergebene Sodales und Discipulos zu einem gewisen Beichtvatter anhalten, sonder alzeit 2, 3 oder 4 vorschreiben, umb ihnen die Freyheit zulassen, einen auss disen nach Belieben zu erwöllen.

§ 19.

Wie offt ein frommer Student beichten und communicieren solle.

Erstlich soll er fleissig beichten und communicieren, so offt es also vom P. Praefecto vorgeschriben und angesagt würdt, so gemainglich das Monnath einmahl zugeschehen pflegt.

Mit disem aber solle ein frommer Student nit zufriden sein, sonder soll wenigstens alle Monath zweymahl oder auch öffters beichten und communiciern, nach dem ihn sein Andacht ermahnet oder sein geistlicher Vatter ihme rathet. Jedoch soll er nit auss denjenigen sein, welche alle Son- und Feyrtäg etwan nur aus Gewohnheit oder das sye für fromb angesehen und dessentwegen höcher sollen geschäzet werden, zubeichten und zucommunicieren pflegen, so aber maisten Theills nur bey jungen Knaben zubesorgen, dan jene, so älter und hocher in denen Schuellen seint, pflegen dises eintweederes nit sogar offt oder auss einen guetten h. Willen, Zihl und Endte zuthuen.

Dass Beste aber würdt sein, wan ein junger Knab, so etwan noch in denen untersten Schnellen ist, seinen geistlichen Vatter bittet, er wolle ihme selbst vorschreiben, wie offt er beichten und communicieren solle. Sonderbahr aber solle ihme ein frommer Jüngling nebst den Festen Christi und seiner heiligisten jungfräulichen Muetter Mariae, wie auch anderer vornembsten Heiligen und Patronen, wohl lassen befolchen sein jenen Sontag eines jeden Monaths, an welchen der allgemaine h. Seelen-Ablass gehalten würdt; soll er keinen auss disen das gantze Jahr hindurch leichtlich vorbey gehen lassen, an welchem er nit sein b. Beicht und Communion zuverrichten, den h. Ablass zugewinnen und ein Seel auss dem Fegfeur zuerlesen sich befleisse.

§ 20.
Von dem gewöhnlichen Beichtzetl.

Den Beichtzetl soll ein frommer Student so offt seinem Beicht Vatter nach der Beicht einhendigen, alss offt er immer beichtet; dan wan er ein Beicht, so eintweeders von dem Gymnasio oder von der Congregation vorgeschriben ist, verrichtet, ist er ohne dem schuldig solchen zugeben. Beichtet er aber auss aigner Andacht, so geschicht seinen Obern und Vorstehern ein Gefallen, wan er auch damahls den Beichtzetl einhendiget, alss welche auss villen Ursachen auch zuwissen verlangen, wie offt ein Knab ohne Schuldigkeit zu beichten pflege" . . . .

Das Folgende zeigt, wie weitläufige Untersuchungen veranlasst werden können, wenn ein Schüler seinen Beichtzettel nicht in gehöriger Weise abliefert, wodurch die ganze Schule eine Zeitlang aufgehalten wird und „dem nachlässigen Knaben selbsten grosse Ungelegenheit entstehet, als welcher für seine Busse etwa nächsten Sonn- oder Feiertag wieder beichten und den Zettel liefern muss, es sei ihm gleich lieb oder nicht".

§ 25.
Wie ein frommer Student bey dem Ambt der H. Mess sich zu verhalten habe.
. . . . . .

.... Nachdem er also das geistliche Lesen zu rechter Zeit beschlossen, fangt er mit guetter Mainung und mit Verhiettung aller Ausschweiffigkeit den h. Rosencrantz, alsdan dass Officium minus B. V. und alles dass ybrige zubetten an, wie an denen Schuelltägen bey Anhörung der h. Möss vorgeschriben worden.

Fromme Studenten, sonderbahr welche Sodales B. V. Mariae seint, pflegen auch wenigist an Son- und Feyrtägen das so genante grösser Officium B. V. M. gantz löblich zubetten. Wan er also ein solches Officium hat und dises zu betten weiss, kan er gar füglich an dergleichen Son- und Feyrtägen, weillen die Gottesdienst länger dauren, also eintheillen, dass er etwan unter dem Ambt die Metten und Laudes, Nachmittag aber bey der Vesper die ybrige kleine Horas bette, das Officium aber de immaculata M. V. M. conceptione kan für selbigen Tag ausgelassen werden, oder auch darneben gebettet werden, wie ihme gefällig und ihn sein Andacht ermahnet.

§ 27.

Von der andern h. Möss, so ein frommer Student alle Son- und Feyrtäg auss Andacht hören soll.

Es würdt nit leicht Jemandt unter allen catholischen Weltmenschen, sye seyen gleich in Stätten oder auf dem Landt, gefundten werden, welche nit, wan sye anderst Zeit und Gelegenheit haben, an einem jeden Son- oder Feyrtag 2 oder mehr h. Messen hören; ja derjenig würdt für einen lauen und khalten Christen gehalten, welcher an solchen Tägen sich nur mit einer h. Mess befridiget. Warumb soll dan ein studierender Jüngling, welcher ohne dem nebst fleissigem Studieren der Fromb- und Gottseeligkheit sich sonderbar befleissen solle, nur mit einer h. Mess zufriden sein? Dahero sollen nit nur allein diejenige, so unter dem Ambt auf dem Chor mit Singen und Geigen etc. oder bey dem Altar mit Ministrieren ihr Gebett und Andacht nit recht verrichten können, sonder auch ein jedtwederer Student, wo nit auss Schuldtigkheit, wenigist auss Andacht, noch ein andere h. Möss vor oder nach dem Ambt hören.

Ich sage vor oder nach dem Ambt, dan kein gewisse zeit lasset sich da mit vorschreiben, weillen die Gelegenheiten, eine solche Möss zuhören, underschidlich seint, und dementwegen die gewöhnliche Studierstundt an Son- und Feyrtägen in der Fruehe von halbe 7 bis halbe 8 Uhr nit soll verabsäumet werden; dan wan dises nit geschicht, gehet der ganze Vormittag an Son- und Feyrtägen ohne Studieren vorbey, weillen bekhant ist, das die Jüngling, wan sye an disen Tägen von Ambt und Predig nach Hauss khommen, nichts mehr von Studieren, sonder nur von Mittagessen hörent wollen.

Dahero erachte ich das Beste zu sein, wan sye dise h. Möss gleich, nachdem ihr Gottsdienst auf dem Saal geendiget, in der Kürchen der Societatis Jesu hören wolten; dan dise in andern Kürchen zuhören, ist ins gemain nit rathsamb, alldieweillen sye dorthen Niemandt haben, der sye beobachten würdt, und dessentwegen zuförchten, sye möchten dise so löbliche Andacht leichtlich gar unterlassen oder in der Kürchen herumb lauffen und schwätzen oder andere Leith vom Gebett verhindern etc.

Es gibt zwar zuweillen so fromme Knaben, welche auch an Son- und Feyrtägen umb 5 Uhr in der Fruehe oder bald hernach aufstehen, sich alsdan zur Kürchen verfiegen, die h. Mess also hören, das sye umb halbe 7 Uhr bey ihrem Studieren wider zu Hauss seint. Wan du, mein lieber Jüngling, auch einer auss disen Frommen sein wilst, verdienst du dardurch vill bey Gott; dan es ist kein Kunst, nachdem man genueg geschlaffen, endlich mit gueter Gelegenheit noch ein h. Möss hören, aber ein Kunst ist es, und zwar nit ohne grossen Verdienst, sich in aller Fruhe aufmachen und seinen Gott in der Kürchen dienen, da andere noch in linden Feedern ligen.

Wass aber ein frommer Knab bey Anhörung diser h. Mess betten soll, wird seiner aignen Andacht yberlassen; wenigistens den h. Rosencrantz kan er niemahlen zu offt betten und bald zu diser bald zu jener Mainung aufopfern. Zu dem gibt es in unterschidlichen Büechlein kleine Officia von verschidenen Heiligen genueg, item Litaneyen und andere villfälltige schöne Gebett, wormitt er leichtlich dise halbe Stundt andächtig zuebringen kan und sich mithin Gott dem Herrn befelchen.

§ 29.
Wie ein frommer Student an Son- und Feyrtägen bey der Vesper sich zuverhalten habe.

Bey der nachmittägigen Vesper an Son- und Feyrtägen oder auch Feyrabenten (wan ein Vesper gehalten wördt) kan er, so lang man sizet, unter den Psalmen abermahl in einem geistlichen Huech lesen, wie Vormittag bey dem Ambt § 25 gemeldet worden. So ist auch bey der Vesper erlaubt, einen lateinischen oder auch teutschen, jedoch von geistlichen Sachen handlenten Poëten zulesen. Wan zu Endte eines jeden Psalm dass Gloria Patri auf dem Chor gesungen würdt, soll er auch das Haubt naigen. Befleisse er sich, sonderbar Sommerszeit, das er unter der Vesper nit schlaffe oder mit denen auf dem Chor singenten Musicanten nit mithumpse, sonder verhalte er sich auch bey denen Vespern also zichtig, wie er bey allen ybrigen Gottsdiensten sich zu verhalten schuldig ist. Nach dem dise Psalmen vollendet und der Priester von seinem Sitz aufstehet, das Capitl zusingen, soll der Student also baldt mit andern auch aufstehen, das Buech ohne Verzug zueschliessen und anfangen, an dem Rosenkrantz oder im Beltbüechlein oder in dem Officio oder was ihme beliebig andächtig zu betten biss zum Ende der Vesper.

§ 33.
Erste zuegab an die Liebe Eltern.

.... So will aber hierzue nit erkhleckhen, dass die Eltern ihr Söhnlein nur zu Anfang dess Jahrs, etwan umb S. Lucastag, dem künfftigen Professori vorfüehren und dises demselben auf alle erdenckhliche Weiss, als ein andere liebvolle Muetter der Söhnen Zebedaei, anbefelchen, sondern der Vatter oder die Muetter sollen hernach unter dem Jahr wenigistens 3 Mahl zu dem Professor in das Collegium oder der Porthen kommen, umb zu hören, wie sich der Knab in der Schuell und Frommkheit und auch in dem Studieren verhalte. Beynebens auch dem Professor sagen, wie er zu Hauss gegen denen Eltern, gegen dem Herrn Præceptor, gegen denen Geschwisterten sich auffuehre, umb was Zeit er Morgens aufstehe, wie er sein Gebett verrichte, wie er die Studierzeit zuebringe, wie offt er von Hauss, ans was Ursach und wohin er gehe; wan er nach Hauss komme, oder wan Andere zu ihme kommen, wer dise seyn; zu wass Zeit sye kommen, wie offt sye kommen, wie lang sye verbleiben und wass sye miteinander zu thuen pflegen etc.

Wan einer oder mehrer studierente Knaben in einem Hauss oder Kost beysammen wohnen, welche ein aignes und besonderes Studierzimmer haben, so ist ihnen nit allezeit zutrauen, sonder villmehr zubesorgen, sye möchten eben darumb, weillen sye von Andern u dem Hauss gantz abgesöndert seint, nit vill studieren, sonder die edle Zeit mit unnützen Bossen und Faullentzen verzehren: dahero vonnethen sein würdt, dass die liebe Eltern oder ein Kostherr in der Fruehe, wie auch unter Tags, zu unterschidlichen Zeiten nachsehe. Zu disem Ende kunte ein kleines Löchlein in die Thür dess Studierzimmers eingebohret und von aussen her ein Näglein eingestecket oder ein Schieberlein darfür gemacht werden, wordurch man zwar von aussen hinein sehen, sye aber von innenher nit heraus sehen mögen, damit also die Eltern, Costherrn oder wen sye sonsten darzue bestellen werden, dess Tags etlich Mahl, und so offt sye wollen, durch dises in das Studierzimmer hinein sehen und die darinen sich Befindente unvermerkht beobachten und ohne Eröffnung der Thür wissen können, ob man studiere oder nit. Dessentwegen denen in disem Zimmer Wohnenten keinesswegs gestattet werden soll, dises Löchlein von innen her zubedeckhen, umb dardurch das freye Einsehen zuverhindern.

Als man gegen die Mitte des vorigen Jahrhunderts endlich auch in Bayern die Zustände des jesuitischen Schulwesens öffentlich zu besprechen anfing, konnte es nicht fehlen, dass mit der geisttödtenden Art des Unterrichts auch die verderbliche moralische und religiöse Erziehung, welche die Jesuiten-Zöglinge genossen, gerügt und gegeisselt wurde. Es geschah zum ersten Male durch Rothfischer im Jahre 1752.

Franz Rothfischer, welcher in der Jugend die Jesuiten-Schulen in Ingolstadt und Dillingen besucht, und, in den Benedictiner-Orden aufgenommen, zu St. Emmeran in Regensburg als Professor der Theologie fungirte, flüchtete sich, mit dem Katholicismus zerfallen, im Jahre 1751 nach Leipzig und legte dort sein durch den Druck veröffentlichtes protestantisches Glaubensbekenntniss ab. Alsbald nach Helmstädt als Professor der Theologie berufen, gab er 1752 in einer grössern Druckschrift „Nachricht von seinem Uebergange von der römischen zu der evangelischen Kirche", der als Anhang eine Abhandlung „von der Unnützlichkeit der scholastischen Art zu studiren" und ein „Vorschlag zu einer katholischen Schulverbesserung" folgten. Hatte schon sein Glaubens-

wechsel in katholischen Kreisen ungeheures Aufsehen erregt und zu
heftigen Streit- und Schmähschriften, die den Lebenswandel und den
Charakter Rothfischer's in schlimmstem Lichte zu zeigen suchten, Veran-
lassung gegeben, so waren seine Angriffe auf das katholische, insbesondere
jesuitische Schulwesen, vollends geeignet, die Leidenschaften wachzurufen.

Rothfischer beleuchtet das herrschende Unterrichtswesen von den
niedern Klassen des Gymnasiums bis zu den höhern Studien. Von den
10 Jahren, welche ebensovielen Klassen (Principia, Rudimenta, Grammatica, Syntaxis minor, Syntaxis major, Poesis, Rhetorica, Logica, Physica,
Metaphysica) entsprechen, werden „sieben zur Erlernung eines elenden
Küchenlateins und zur nichtswürdigen Philosophie drei Jahre verschwendet".
Von der Uebersetzung „eines alten reinen Schriftstellers weiss man (trotz
jener 7 Jahre) gar nichts, ausser wenn zur Busse einige Verse von den
Quæ maribus solum etc., oder die Regel über die Argumente, oder endlich im 5., 6. und 7. Jahre ein Stück aus dem Cicero oder Ovidius
oder Curtius auf einem halben oder ganzen Bogen müssen in die Schule
gebracht werden, und dieses nur wegen gewisser Verbrechen, deren sich
gemeiniglich nur die dummen und nachlässigen Jungen schuldig machen".[1]
— „Nach diesen sieben Jahren (heisst es S. 322) folgen dann noch drei
andere Jahre, worin man sich die philosophische Schulsprache geläufig
macht. Die Barbarei dieser Sprache leugnen ihre Freunde selbst nicht,
und durch solche wird endlich der wenige Vorrath eines ächten Latein,
den man etwa durch die ersten sieben Jahre gesammelt hat, wieder
völlig aus dem Gehirne verdrängt, indem dasselbe von den Kunstwörtern

---

[1] Franz Rothfischer's Anhang zur Nachricht von seinem Uebergange etc. Leipzig u. Wolfen-
büttel 1752, S. 341. — An einer spätern Stelle heisst es (S. 341): „Einen Plautus, Terenz,
Cäsar, Cornelius Nepos, Livius u. a. habe ich weder in Dillingen, noch in Ingolstadt, auf
welchen zweien hohen Schulen ich meine Rhetorik zusammengestümpelt habe, jemals nennen
hören. Alles, was wir von Auctoribus Classicis hatten, waren einige Briefe und 7 Reden
des Cicero, welche die Herren Jesuiten zum Gebrauche ihrer Schulen besonders hatten ab-
drucken lassen". — Auch Dr J. Kelle sagt in seinem auf umfassenden Quellenstudien be-
ruhendem Buche „die Jesuiten-Gymnasien in Oesterreich" (Prag 1873) S. 144, dass „überall
verhältnissmässig ganz wenig gelesen" wurde, und führt S. 130 eine Aeusserung des den
Jesuiten nicht feindlichen Staatsraths Freiherrn von Kressel an, welcher der Kaiserin Maria
Theresia bekannte, „dass er, ungeachtet er in den Schulen meistentheils von den sogenannten
ersten gewesen, dennoch in seinem 21. Jahre keinen klassischen Schriftsteller und weder
den Cornelius Nepos verstanden habe" etc.

der plauderischen Schulbarbarei bis obenan vollgestopfet wird". — Von dem Geschichtsunterricht wird gesagt (S. 347): „Man martert das Gehirn mit dem bittern Auswendiglernen. Das Gedächtniss arbeitet allein und die Vernunft hat gar nichts dabei zu thun, weil man die Geschichte nicht in ihrem Zusammenhange und nach ihrer Möglichkeit und Entwicklung, wie eines aus dem andern erfolget, vorzutragen und zu fassen pflegt, sondern nach dem Buchstaben, wie sie in den Historienbüchelchen steht, ganz zerstreut, einprägt und im Examine etliche Blätter aus der Mitte, ohne Lesung des Anfangs, wie ein Pappagei herabplappert".

„Noch erbärmlicher ist es, wie sie den Katechismus, oder nach ihrer Art zu reden, den Canisius treiben. Die allerabgeschmacktesten und meistentheils possirlichen Fragen geben sie darüber auf; z. B. man soll sagen, wie oft das Wörtchen ut oder quod in dem ganzen Canisio oder in einem Theile desselben enthalten sei. Man soll ein Stück daraus hersagen und darin das Wörtchen et oder auch alle Conjunctiones oder Verbindungswörter weglassen; man soll so oft fortfahren als das Wort Deus in dem aufgegebenen Stück vorkömmt, dieses aber selbst ja nicht aussprechen etc. Und ein solches Aufsagen muss so fertig geschehen, dass derjenige, der nur an einer Silbe anstossen oder dieselbe wiederholen würde, des Prämii verlustig geht, wenn er auch sonst den Inhalt der ganzen catechetischen Glaubenslehre vollkommen inne hätte".

Aehnlich berichtet der Stifter des Illuminatenordens von dem Religionsunterricht, den er in der Jugend bei den Jesuiten genossen: [1])

„Unser einziger Unterricht war jeden Freitag, wo wir ein Stück aus unserm Canisius auswendig daherplappern mussten. Wenn gegen Ende des Jahres die Prämien vertheilt wurden, so ward eine dergleichen Belohnung auch demjenigen zugedacht, welcher bei der vorgenommenen Prüfung die besten Beweise seines Unterrichts im Christenthume gegeben hatte. Und nun höre die Welt diese Beweise, und sie soll sagen, ob ich Unrecht habe! — Wir mussten der Reihe nach, meistens nach alphabetischer Ordnung, an der Thüre des Zimmers, in welchem sich 3 von unsern Glaubensrichtern versammlet hatten, warten, der erste nach ge-

---

[1] Adam Weishaupt, Nachtrag zur Rechtfertigung meiner Absichten. (Frankfurt und Leipzig 1787.) S. 14 ff.

gebenem Zeichen eintreten und nicht eine Glaubensfrage, sondern ein
Räthsel aus dem Canisius auflösen. Z. B. wir sollten das Vaterunser
rückwärts ohne Anstand auswendig hersagen. Wir sollten sagen, wie
oft et, in oder cum in dem ersten Hauptstück stehen, oder es wurden
uns 2 oder 3 Worte aufgegeben, wo wir sogleich fortfahren mussten,
und diess so oft, als diese Worte in diesem Hauptstück enthalten waren".

Kaum günstiger urtheilt über den Religionsunterricht und die religiöse Erziehung der Jesuiten der Director des geistlichen Raths in
München Osterwald in einem noch nicht veröffentlichten Briefe vom
26. Januar 1762. Das sehr umfassende Schreiben ist an denselben
P. Daniel Stadler, damaligen Beichtvater des Churfürsten Max Joseph,
gerichtet, mit dem Osterwald als Vorkämpfer der neugegründeten Akademie schon im Jahre 1761 in Fehde gerathen war.[1]) Der vorliegende
Brief ist die Antwort auf ein Schreiben des churfürstlichen Beichtvaters,
worin dieser voll Zorn Osterwald freimüthige Aeusserungen über die
Lehrthätigkeit der Jesuiten vorgeworfen und voll Anmassung ihn erin-
nert hatte, sich nicht um theologische Fragen zu kümmern.

In ersterer Beziehung constatirt Osterwald, dass die Mängel und
Gebrechen der Schulen von allen Seiten beklagt und auch von Jesuiten,
die Besserungsvorschläge gethan (wie P. Neumayr und Stadler selbst
schon), indirect zugestanden werden. Wenn aber gesagt werde, dass
durch die Tadlung der Schulen so viele rechtschaffene und gelehrte
Männer, die darinnen studirt haben, beleidigt werden, so behauptet er
dagegen, „dass solche Männer das, was sie jetzt in ihrem sittlichen Zustande, in Absicht auf die Gelehrsamkeit und geschickte Verwaltung
ihrer Aemter sind, weder in ihren Schulen noch durch ihre Schulen
geworden sind". „Auf den Bestand dieser Männer dürfte wohl in Ver-
theidigung des heutigen Schulwesens wenig Staat zu machen sein; denn
ich habe Niemand über unsere Schulen mehr klagen gehört, als eben
diese rechtschaffenen Gelehrten. Und das Zeugniss derjenigen dummen
Weltleute, die sich bei aller ihrer grossen Unwissenheit noch weise und
gelehrt zu sein einbilden, kann ihnen ohnedem für sich selbst wenig

---

1) Vergl. den Schluss seiner Rede vom 27. März 1761 und seine Beantwortung des Stadler'schen
Briefs an Wolters bei Westenrieder, Gesch. der Akademie, S. 194 ff.

vortragen, ausser wenn es nur darum zu thun ist, seine Gegner bei den Unwissenden zu lästern und verhasst zu machen" etc. etc.

Die zweite Hälfte des Briefes betrifft die Erinnerung Stadlers, nicht die Jesuiten und Benedictiner lehren zu wollen, was der Kern und was die Hülse der Religion sei. Er sei, erwidert Osterwald, weit entfernt, sich für einen Lehrmeister in der theologischen Sittenlehre aufzuwerfen; es werde ihm aber doch hoffentlich erlaubt sein, vom Christenthume so viel zu wissen, dass er endlich den wahren Kern der Religion von der Hülse unterscheiden könne. Oder ob er etwa wolle, dass die Laien in Religionssachen gänzlich dumm und unwissend bleiben? In diesem Falle bedürfe es keines Beweises mehr, wie noth eine Schulverbesserung thue. „Ich verehre übrigens, fährt er fort, den uralten und vortrefflichen Benedictinerorden mit so vollkommener Hochachtung, als einem Menschen zu thun oblieget, welcher dem Umgang mit diesen gelehrten und geistreichen Ordensleuten die Erkenntniss der allein seligmachenden katholischen Lehre nach Gott zu danken hat.[1]) Bei diesen rechtschaffenen Männern und aus den Schriften der Väter habe ich meine Moraltheologie geschöpft, und zugleich auch meine Abneigung gegen die Probabilisterei, diese fruchtbare Gebärerin so vieler monströser Sittenlehrsätze, worüber auch sogar gesittete Heiden erröthen würden, und welche die Kirche mit Recht zur Finsterniss verwiesen hat, weil sie den wahren Kern der Religion zernichten und dafür eine leere Hülse übrig lassen".

„Woher kommt es wohl, dass heut zu Tage die Liebe so sehr unter uns erkaltet? dass das Christenthum bei den meisten auf ein gezwungenes Exterieur hinausläuft? dass, ich will nicht sagen die Ascetik, sondern eine wahre ungeheuchelte Frömmigkeit und die gemeineren sittlichen Religionswahrheiten im Munde der Weltmenschen so lächerlich gehalten werden? Woher kommt es, dass heut zu Tage mitten unter uns die gröbsten Laster von Eigennutz, Raubbegierde, Hochmuth, Betrug und Lästerung an den Menschen miskennet werden, wenn nur diese schändlichen Heuchler vor den Augen des Volks mit affectirten Grimassen bezahlen und den Namen betender Leute davon tragen, da man doch

---

[1] Osterwald, aus dem Nassauischen von protestantischen Eltern stammend, war in Regensburg für den Katholicismus gewonnen worden und dem Benedictinerorden beigetreten.

sonst aus ihren Früchten deutlich erkennen müsste, dass sie innerlich verruchte Religionsspötter sind? Woher kommt es, dass bei so vielen, die für Gottesgelehrte angesehen sein wollen, die meiste Wissenschaft in Lehre und Sitten auf ein spitzfindiges, hoffärtiges und zum Theil ärgerliches Schulgezänk ohne Saft und Kraft hinausläuft, welches den Geist der Salbung und Gnade in dem Herzen der Menschen eher erstickt als belebet? Rührt dieses nicht meistentheils aus einem mangelhaften Unterrichte der Jugend her? Kann man sich dadurch wohl versprechen, ein reines und ungeheucheltes Christenthum in diesen zarten Herzen zu pflanzen, wenn man die Uebungen der Andacht- und Gottseligkeit, wozu uns blos die Ueberzeugung und Liebe antreiben sollten, zu förmlichen Strafen machet, welche allezeit eine innerliche Abneigung gegen sich zurücklassen? Thut man der Sache damit schon genug, wenn man sich begnügt, dass sie solche so obenhin auf den äusserlichen Schein mitmachen? Wird dadurch schon eine gründliche Erkenntniss der Religion gebauet, wenn man die Kinder gewöhnt, ihre Christenlehr-Frugestücke hinter und vor sich so auswendig ohne Sinn und Verstand daher zu schwätzen, die sie sich hernach bei reiferen Jahren befleissen, so geschwind wiederum zu vergessen, als es ihnen sauere Mühe gekostet hat, sie auswendig zu lernen? Sind Diejenigen, welche man aufstellt, den Kindern in Schulen die Religionswahrheiten zu erklären, Alters, Fähigkeit und innerlicher Disposition halber schon geschickt genug, dieses so höchst wichtige Amt mit dem erwünschten Seelennutzen zu verrichten?"[1])

Es versteht sich von selbst, dass die Jesuiten zu den Angriffen, die gegen ihr Unterrichts- und Erziehungswesen gerichtet wurden, nicht schwiegen. Aber die Art, wie sie ihre Schulen zu vertheidigen suchten, war nicht geeignet, die Gegner aus dem Felde zu schlagen.

Gegen Rothfischer griff vor Allen P. Neumayr, einer der fruchtbarsten jesuitischen Theologen des vorigen Jahrhunderts, zu seiner streit-

---

[1] Aus der gleichzeitigen Abschrift in Hellersberg's Sammlung von Urkunden und Auszügen auf der k. Universitätsbibliothek, fol. 190—197.

baren Feder, um nicht allein eine „Nichtswerthe Rechtfertigung der von . . . . Rothfischer . . . . abgelegten lutherischen Glaubensbekenntniss" (Ingolstadt 1752; 3. Aufl. Augsburg 1756) nebst einer „Fortsetzung der Anmerkungen über die nichtswerthe Rechtfertigung" zu veröffentlichen, sondern er schrieb auch im Jahre 1753 eine „Bescheidene Antwort auf die ertzgrobe Lästerschrift, welche der unbesonnene Mann über den Zustand der catholischen Schulen freventlich ausgestreut".

Der heftige, leidenschaftlich polternde Ton verräth den Zorn, den Rothfischer's Angriffe erweckt hatten, und die zur Schau getragene Verachtung des mit Spott und Hohn bedachten Gegners soll nur die Schwäche der eigenen Position verdecken. Der Verfasser vermag weder nachzuweisen, dass die Magister taugliche und würdige Lehrer,[1]) noch dass die

---

[1]) Es scheint mir bemerkenswerth, dass P. Neumayr eingesteht, dass nicht alle Magister sich sittlich so halten, wie sie sollten, sich aber damit tröstet, dass nicht die beste Gemeinde jene sei, wo man niemals sündigt, sondern wo man niemals ungestraft sündigt oder doch nicht zugibt, dass die Sünde zur Gewohnheit werde. Soll hiermit vielleicht auch entschuldigt sein, was Rothfischer über das Verhältniss mancher Lehrer zu einzelnen Schülern vorbringt? Schon hundert Jahre früher war über die häufige Parteilichkeit der Magister, ihre Vorliebe für reiche und wohlgezierte Knaben geklagt worden (s. oben S. 210). Rothfischer aber sprach, so offen wie es das Schamgefühl gestattete, aus, dass nicht selten jene Vorliebe eine tief unsittliche war, worin noch einmal seine Bestätigung findet, was oben S. 211, Anmerk. 1, angedeutet wurde. Es heisst nämlich bei Rothfischer, S. 328:
„Er (der Magister als Rechenmeister) muss die Böcke der Argumente addiren, bei seinen Lieblingen einige hingehen lassen und von andern subtrahiren, bei andern aber auf das schärfste multipliciren, alsdann aber jedem seinen gehörigen Ort dividiren, die sich folglich in proportione geometrica gegen einander verhalten wie der Affect des Lehrers gegen diesen Knaben zu dessen Affect gegen andere. Wenn er einige Fehler des Arguments nicht gänzlich kann hingehen lassen, ohne seine Parteilichkeit gar zu deutlich zu verrathen, so muss er aus denselben halbe, Drittel- und Viertel-Böcke zu machen wissen, mithin in der Bruchrechnung ein Meister sein. Endlich weil er zuweilen drei, vier, fünf oder noch mehr „Kümmerle" hat, mit welchen er zu gewissen Zeiten hinter dem Ofen oder in dem Grünen abzuwohnen pfleget, und jedem seinen verdienten Zins dafür mit silbernen Xaviersringelein abstatten soll, so muss er auch in der Regula Trium, Quinque und Societatis wohl zu Hause sein". — Weiteren Aufschluss über die „Kümmerle" gibt S. 319: „Sie wählen sich (die jungen Lehrer, wenn sie sich einen guten Tag im Grünen machen wollen) aus der Zahl ihrer Untergebenen einige vertraute, vermögliche, wohl gestaltete Lieblinge oder Kämmerlinge (Kümmerl, Zephen, Flicker, wie sie solche in Bayern nennen), deren Eltern im Stande sind, ihnen eine gute Mahlzeit zu verschaffen. Es ist besser, wenn die ganze Compagnie bei einer Musik oder auch bei einem Spiele um einen Groschen oder Batzen beisammen bleibt, als wenn der Herr Magister über gesuchte Händel in einem Gesträuche einzeln abwohnet. Da geschieht es zuweilen, dass er dem Sixten in's Handwerk eingreift" („dies ist der Name des verkappten Mannes, der sonst die Jugend ihrer Verbrechen wegen

Lehrmittel, die Methode und der ganze Schulbetrieb zweckentsprechend seien. P. Neumayr gesteht vielmehr indirect das Bedürfniss der Schulverbesserung zu und rühmt sich, dass er selbst während eines zwölfjährigen Lehramts zwar nicht die „alte Lehrart" abzuschaffen, wohl aber ihr neuen Glanz zu geben gesucht habe, namentlich als Präfect zu München in dem vornehmsten Schulhause der oberdeutschen Provinz, von wo jährlich einige Magister in andere Collegien geschickt würden, um auch dorthin die Verbesserung der Lehrart zu tragen. Worin bestand jedoch dieselbe?

„Es blibe (um mich der Worte Neumayr's, S. 29 ff., zu bedienen) bey dem alten: das Lege, Scribe, Loquere müssen in der Grammatik das vornehmste Augenmerck der Lehrenden und die eintzige Bemühung der Lehrnenden seyn und verbleiben: nur die Materien, die Weiss und die Zeit dieser Uebungen wollten wir ordentlich bestimmet wissen. Zum Lesen seynd Regeln und Exempl vorgeschrieben, die Regeln aus dem Alvaro, die Exempl wechselweiss jetzt aus dem Cicerone, jetzt aus dem Pontano. — Die Explication sowohl der Regeln als der Exempel machte anfänglich allzeit der Magister allein, doch so, dass er dabei Observationes grammaticas, historicas und ethicas einmischete, auch mitten darinnen bissweilen die Red abbrache und die Schuler, damit sie nicht ausschweiffen könnten, mit Frag und Antworten in Widerholbung dessen, was er erkläret hatte, übete. Ja, wann in Cicerone und Pontano etwan zu täglichem Gebrauch taugliche Formulen einen zu grüssen, zu beurlauben, zu dancken vorkamen, hiesse er solche aufschreiben, und in ordentliche Collectanea eintragen. Hierdurch erhielte er 1. dass die muthige Bursch gewöhnet wurde, ihre Gedancken beysam zu halten; 2. dass nach kurz vorher angehörter Explication das ungeschickte Lallen, mit welchem ein ungeschickter Explicant die Zeit verderbte und den Zuhörenden Eckel erweckte, verbessert wurde; 3. dass durch historische

---

in Schulen mit Ruthen zu strafen pfleget"). Die „Kümmerle" werden, wie weiter behauptet wird, noch öfters zur Pforte oder in das Repetirgärtchen auf ein Liebesgespräch berufen, „und da werden alle Jesuitencandidaten gemacht. Es geht ganz natürlich zu, wenn diese Ehre gemeiniglich nur schönen Kindern, mithin nur denen widerfährt, die vom Adel oder sonst von guten Eltern sind und die ihre Gestalt mit der Kleidung ausschmücken können". — Damit stimmt nur zu sehr überein, was F. X. Bronner in seinem „Leben", Bd. I (Zürich 1795), S. 171, 219 ff, aus eigener Erfahrung berichtet.

und ethische Ueberlegungen das Gemüth der Knaben täglich mit neuer Wissenschaft und Sittenlehren zu häuffigem Wachsthum besaamet wurde und sich mit solchen Bildnussen anfüllete, welche der Seel zur Vorbereitung nicht nur für die Wohlredenheit, sondern für waserley Bedienungen und Aemter dienen möchten" etc.

Dann wird hervorgehoben, dass sie die Argumente oder Exercitien nicht für die Ersten, sondern für die Mittleren einrichteten, mithin weder zu lang noch zu „hart" machten, „viel minder mit vielen Umkehren sie plagten". — Diese Art zu lehren hat 1746 in Gegenwart des ganzen churbayrischen Hofs allgemeinen Beifall aller vernünftigen Schulrichter erhalten, als unter Trompeten- und Pauckenschall die Prämien vertheilt wurden (S. 34)!

Bezüglich des Katechismus-Unterrichts wird behauptet, dass der boshafte Rothfischer nur das Endexamen des Schuljahrs zur Probe anziehe, da er doch wissen müsse, dass die von Einigen beobachtete Weise des Examens längst abgeschafft sei, und die Prämia nicht denen, die ohne Anstoss fortfahren, et und que erzählen können, sondern denen, die in der Lehre des Katechismus mit dem Verstand tiefer gegründet sind, zu Theil werden (S. 41) — S. 78 endlich wird zugestanden, dass eine Reformation der Schulen bezüglich der Sitten mehr noth thue als bezüglich der Doctrin. Dazu würde am besten grössere Strenge bei der Aufnahme der Schüler und eine öfters wiederholte Musterung der Schulen dienen, wodurch die unnütze Bürde der Kirche und des Staats erleichtert, der Soldaten-, Bürger- und Bauern-Stand aber ansehnlicher bevölkert werden würde. „Wir haben oft wider den Anlauf und Ueberlast heilloser Bursch, die sich in unsere Schulen eindringet und festsetzet, an höchsten Orten Klage geführt, auch gnädigste Decreta und geschärfte Befehl darüber nicht nur einmal erhalten: allein die Execution wurde jederzeit durch hohe Patronanzen hinerställig gemacht und unsere Willensmeynung ware unkrafftig".

Zum Schlusse erlaube ich mir, noch einige Mittheilungen aus einer, wie sich aus dem Zusammenhang ergibt, im Jahre 1765 für die Jesuiten-

Schulen verfassten Schutzschrift zu machen, die nicht zum Druck gelangt ist.¹) Als Autor nennt sich P. Maximilian Dufrène, ihrer in Gott ruhenden kaiserlichen Majestät Maria Amalia ehemaliger Beichtvater, der im Jahre 1726 als Verfasser des ersten in der oberdeutschen Provinz gebrauchten historischen Schulbuchs, das durch ultrakatholische Gesinnung sich auszeichnete, auch in weitern Kreisen eine gewisse Berühmtheit erlangte. Unsere Schrift führt den Titel: „Etwelche Zweifel, die Erziehung catholischer Jugend und sonderbar die Jesuiter-Schulen betreffend, kurz, klar und gründlich beantwortet und aufgelöst".

Der Verfasser beginnt mit der Thatsache, dass besonders wider die Jesuiten-Schulen, folglich wider alle Diejenigen, so ihre Lehrart annehmen, von einiger Zeit her stark Lärm geblasen werde. Das habe bereits vor 14 Jahren der bekannte Apostat Rothfischer gethan, welcher durch P. Neumayr bündig widerlegt worden. Neuerdings werden die Schulen des Ordens weit und breit als sehr mangelhaft ausgeschrieen und namentlich von einem Ungenannten sehr bissig, höhnisch und spöttisch angegriffen. — Auch Dufrène hebt schon in der Vorrede hervor, dass die Schulen in letzter Zeit vielfach gebessert worden seien; um so thörichter sei es, sie als schlecht hinzustellen; denn wie hätten sie sonst, in weniger vollkommenen Zustande, 200 Jahre lang den Beifall der ganzen Welt finden können? — Es sind 15 Punkte oder „Zweifel", die des Näheren erörtert werden und deren Aufzählung schon von Interesse sein dürfte.

1. „Ob nicht die Jesuiten in den 6 untern Schulen gar zu viel Zeit auf das Latein verwenden"? — 2. Ob nicht bei uns die Schuljugend mit unzählbaren Regeln gemartert, geplagt und überhäuft werde?"²) —

---

1) Cod. Germ. 3663 der k. Hof- und Staatsbibliothek, 18 Blätter in fol., Autograph. — Von demselben Verfasser rühren einige Blätter (ad Cod Germ. 3653) her, auf denen Osterwald als Schulreformator in lateinischer Sprache mit grosser Bitterkeit angegriffen wird. — Indem sich der Verfasser in der grössern Schrift der deutschen Sprache bedient, entschuldigt er die Schreibfehler, die sich aus Unwissenheit eingeschlichen haben möchten. Er habe nur allzeit auf die oberdeutsche Rede- und Schreibweise gesehen; jetzt nach der niedersächsischen Weise schreiben zu lernen, sei für ihn bei seinem hohen Alter und ausgearbeiteten Kopfe viel zu spät!

2) Nachdem der Alvarus gelobt worden, heisst es Uebrigens wird dermalen von 12 Jahren her in den 4 untern Schulen der merklich abgekürzte Alvarus mit sehr nützlichen Zusätzen

3. Ob dann nicht auch in der fünften Schule mit Erlernung des Lateins fortgefahren werde? — 4. Ob dann nicht in der sechsten Schule das Latein fortgetrieben werde? — 5. Ob dann nicht wenigstens unsere deutsche Muttersprache in den unteren Schulen versäumt werde?¹) — 6. Ob nicht in Betreff der philosophischen Wissenschaft bei uns Jesuiten einige Ausstellungen Platz finden möchten?²) — 7. Ob bei uns die theologische Wissenschaft wohl bestellt sei?³) — 8. Ob wohl auch die Jugend in unseren Schulen sowohl in guten Sitten als in der Gottesfurcht gebührend unterwiesen werde?⁴) — 9. Ob nicht wegen manchen soge-

---

unter diesem Titel gebraucht: 1. Anweisung zur lateinischen Sprache etc. Hierauf folgen 2. die Anfangsgründe zur lateinischen Verskunst. 3. Vorrath deutsch-lateinischer und griechischer Wörter. 4. Anleitung zur Rechenkunst. 5. Anmerkungen über die deutsche Sprache und über die deutsche und lateinische Orthographie. (München u. Ingolstadt 1763.)

1) „Antwort: auf keine weis; dan in jetzigem schulbuch „Anweisung zur lateinischen sprach" werden zulest p. 229 bis 268 sehr nützliche anmerkungen über die teutsche sprach und dero rechtschreibung auf eine sehr leichte weise vorgetragen, damit alles von jungen leuthen wohl könne gefast und behalten werden. — In diesem kurzen bericht seyend nebst andern nützlichen sachen sonderbar gut die anmerkungen über 193 Verba irregularia und dieses zwar wegen ihrer Imperfectis, welche wohl zu brauchen wissen ein sicheres zeichen ist, das man in der teutschen sprach erfahren und geübt seyn, z. B. ich gehe, gieng, und nit gehete; ich lasse und nit lesete etc., worin manche sehr fehlen. In denen Schulen aber aus der teutschen sprach ein Hauptwerck machen, wäre sicherlich deren verderben, wie man mit allem grund zu erweisen im stand ist". — P. Neumayr hatte behauptet, die Protestanten haben sich auf das Deutsche geworfen, weil sie im Lateinischen soweit hinter den Jesuiten zurückständen.

2) Zum Lobe der alten Philosophie, die sehr viel habe leiden müssen, wird gesagt, dass sie die Studenten zu ernster Tapferkeit gewöhnte, die wahren von den falschen Subtilitäten unterscheiden lehrte und der Theologie starke Hand bot. Jetzt (nach Einführung der neueren) gelte von der alten Philosophie dasselbe, was von der Kriegskunst wahr sei, dass sie nämlich vor Erfindung des Pulvers Gutes geleistet habe. Bogen, Pfeil, Spiess, Lanzen u s. w. seien abgeschafft, Säbel und Schwerter aber behalten. Auf eine fast gleiche Weise seien die „gar zu spitzigen Grillen" der alten Philosophie zwar hinweggenommen, die syllogistischen Säbel hingegen gebe man nicht aus den Händen. Man würde zwar eine grosse Ehre damit einlegen, wenn man davon abliesse; das werde aber niemals geschehen; alle katholischen Schulen in der ganzen Welt würden sich darwider setzen. — Die Barbarei des Lateins in der Philosophie wird kurzweg geleugnet. — Die Einführung der neueren Philosophie ist auf den Wunsch des Churfürsten geschehen; Mangold's Werk wurde ihm gewidmet. — Ebenso wurde „auf gnädigsten Augenwanck" in München die Mathematik zu der Philosophie gefügt, „woraus dann erhellet, dass die Jesuiten zur Vermehrung der schönen Wissenschaften das ihre nach Möglichkeit beizutragen jederzeit geflissen seiend".

3) Hier wird natürlich die scholastische Theologie in Schutz genommen und die Dialectik oder Schlusskunst gelobt.

4) Antwort „Die Anständigkeit der Sitten wird aus besonders hierzu gewidmeten Büchlein

nannten Schulfuchsereien auf eine Verbesserung bei uns müsse angetragen werden?[1]) — 10. Ob sich dermalen auch Gelehrte noch auf der Welt befinden?[2]) — 11. Ob denn unsere öffentlichen Schulen gar nichts Gutes haben?[3]) — 12. Ob unsere Magistri genugsame Tauglichkeit zu den so wichtigen Schulgeschäften haben?[4]) — 13. Was für eine Zahl die grössere sei, derer, die wider unsere Schulen sind, oder derer, welche sie gut heissen?[5]) — 14. Ob es rathsam sei, dass wegen einiger aufgeweckter Köpfe die mehreren, mittleren und geringeren versäumt werden? — 15. Ob die öffentlichen Schulen oder die Hausinstructionen die besseren

deutsch und lateinisch in allen Schulen vorgetragen, ausgelegt und wohl eingebunden (Institutio brevis ad morum elegantiam et communis inter homines vitae urbanitatem juventatis præcipue commodo conscripta. Monachii 1764"). — Auf die Gottesfurcht wird das Hauptgewicht gelegt. Sie der Jugend einzuprägen dienen: „Nachdrückliche Zusprüche, Predigten, Exhortationen, die Marianischen Sodalitäten, die nach der Fähigkeit eingerichteten geistlichen Uebungen, der gute und öftere Gebrauch der hochheiligen Geheimnisse etc. etc. Zu allem diesem kommen auch sehr viele, ungemein nützliche, eingens auf die studirende Jugend angesehene geistliche Bücher und Büchel, sowohl zum Unterricht als zur wirklichen Andacht dienende".

1) Wenn solche Bemerkung nöthig wäre, müsten die Schulen entweder von Anfang an nicht recht bestellt gewesen, oder sie müsten nach der Zeit verderbt worden sein. Das erste kann man schwerlich sagen, weil eine ganze katholische Welt vor mehr als 200 Jahren sie mit allgemeiner Gutheissung und Freude hat öffnen gesehen. Statt schlechter zu werden, sind sie in manchen Stücken von Zeit zu Zeit gebessert worden. Dass sie aber allzeit gut gewesen, kann mit den angewobensten Zeugschaften, besonders der gelehrtesten und berühmtesten Protestanten erwiesen werden.

2) In der Antwort wagt der Verfasser folgende kühne Behauptung: „Aus unleugbaren historischen Zeugnissen haben wir, dass der Gelehrten zu Luthers Zeiten sehr wenig gewesen seien, und dass hingegen bei Eröffnung der Jesuitenschulen die Wissenschaften alsbald angefangen haben zu blühen, woraus dann die Gelehrten in grösster Anzahl erwachsen sind. Eben verlangte ich zu wissen, dass uns nämlich unsere Gegner nur ein vor Luthers Zeiten gebrauchtes Schulbuch oder sonst etwas Gelehrtes aufweisen möchten!"

3) Die Zweifler und Tadler werden auf zwei folgende, erst mit Anfang des Jahres 1765 ausgegangene Bücher, welche reissend abgehen, verwiesen, nämlich die „kritische Jesuiter-Geschichte" (Frankfurt und Mainz) und die „Apologia pro Instituto G. J."

4) Seit 200 Jahren sind die Magister tauglich befunden worden. „Fahret fort, ruft er ihnen zu, wie bisher unverdrossen institutsmässig zu lehren. Genug, dass es unser höchster Gott sieht und gutheisst, so nicht anders sein kann, weil sein göttlicher Geist diese Weise des Lehramts dem h. Stifter selbst eingegeben und die h. Kirche sie jederzeit für gut befunden hat und noch befindet. Die ganze Welt weiss es, mit was schwersten Verleumdungen und gröbsten Calumnien unser Orden, welchen Ihr und ich lieben und schätzen, beladen und überhäuft wird. Das Ungewitter wird aber endlich vergehen".

5) Hier werden natürlich mit besonderer Genugthuung die günstigen Urtheile des Baco von Verulam und Hugo Grotius citirt.

seien? — Den Hauptschlag gegen die Widersacher führt P. Dufrène am Schlusse mit dem Satze, dass da, wo sich zahlreiche Gelehrte finden, auch die Schulen nicht mangelhaft sein können. Der Jesuitenorden aber zeichne sich in hohem Grade durch seine gelehrten Leistungen aus. Was speziell in Bayern geschehen ist, wird mit besonderer Ruhmredigkeit ausgeführt und dabei der hohen mit Hülfe der Jesuiten erworbenen Bildung gedacht, durch die sich Kaiser Karl VII. auszeichnete. Endlich folgt noch eine Liste all' der Männer, die mit ihren Schriften das Vaterland sowohl wie die Schulen jüngst herrlich geziert haben oder noch zieren· — Jetzt vollends, unter der Regierung des Churfürsten Maximilian Joseph, haben die schönen Wissenschaften „nach längst vorhergegangener Morgenröthe den vollen Tag erreicht", so dass sie „keiner hauptsächlichen Verbesserung" benöthigt sind. — Der Churfürst und seine einflussreicheren Ratbgeber nebst allen denkenden Männern waren und blieben anderer Meinung.